雪謙文化

證悟者的心要寶藏

The Heart Treasure of the Enlightened Ones

【原　頌】巴楚仁波切 Patrul Rinpoche

【開　示】頂果欽哲法王 Dilgo Khyentse Rinpoche

【總召集】賴 聲 川　　【譯　者】劉 婉 俐

【審　定】蓮師中文翻譯小組（ 賴聲川、丁乃竺、劉婉俐、楊書婷、項慧齡 ）

目錄

TABLE OF CONTENTS

〔推薦序〕

一劑起死回生的靈藥

達賴喇嘛

我欣喜得知舊譯派傳承領袖金剛持頂果・欽哲仁波切（Kyabje Khyentse Dorje Chang）將以《證悟者的心要寶藏》（*Heart Treasure of the Enlightened ones*）爲題，爲札・巴楚仁波切（Za Pal-trul Rinpoche）原著《前、中、後三善道》（*Thog mtha bar gsum du dge ba'i gtam*）所深入宣說的英譯本付梓。

札・巴楚仁波切，鄔金・吉美・秋吉・旺波（Orgyen Jigme Chökyi Wangpo），是近代降生雪域的大菩薩。這位偉大、崇高且飽學的修行者爲了利益企求解脫的衆生，傳下了題爲〈前、中、後三善道——見、修、行之殊勝修行心要寶藏〉（Instruction That Is Good in the Beginning, Middle, and End – the Heart Jewel of the Sacred Practice of the View, Meditation, and Conduct）的教法。它包含了所有精要的教示，寓義深遠、辭藻優美，猶如一劑起死回生的靈藥。

我祈願藉此教法和釋論的出版，讓東、西方的人們都能在慈悲的無比悅樂中，覓得精神上的寧謐。

一九九一年二月八日

〔中文版序〕

藏傳佛教寧瑪巴傳承

雪謙冉江仁波切

有一部分的佛法義理與修持方法，早在西元五世紀已傳至西藏邊區。然而，直到西元八世紀藏王赤松德贊（King Trisong Detsen，生於西元七四二年）迎請印度堪布寂護大師（Shantarakshita），隨後又請了無比殊勝的密乘上師蓮花生大士（Padmasambhava）入藏，才使佛法正式在西藏大傳。

根據《涅槃經》（*Sūtra of Final Nirvana*）及其他授記的記載，釋迦牟尼佛在行將涅槃之際曾經表示，由於此生以人身出世，因此未能廣傳密續的祕密法教。但他預言將在十二年後，以神通降生的方式再度來世，以傳密法。這次轉世便是蓮花生大士，他從阿彌陀佛的心間化生，以八歲孩童的身形神奇地示現在鄔底亞納（Uddiyana）達納寇夏湖（Danakosha Lake）的一朵蓮花之上。

當因札菩提國王（King Indrabodhi）宣告要他繼承王位之時，蓮師明瞭治理鄔底亞納王國無法利益眾生。

於是決意以干犯衆怒的作爲，減少國王與大臣們對他的執著眷戀，因而遭到流放。他來到了印度的八大尸陀林（墓地）修習瑜伽行。他知道，若要利益一般凡衆，就必須遵循經由學習與修持之修道上的正規次第，因此他從空行母萊奇·汪嫫（Dakini Lekyi Wangmo）處領受灌頂，並朝禮了八大持明者，得到八大嘿魯嘎（Eight Herukas）與大圓滿的傳承。

於後，他轉化了札霍（Zahor）王國的信仰，攝受公主曼達拉娃（Mandarava）爲法侶，並在瑪拉替卡洞穴（Maratika Cave）證得不死虹身。之後他又教化了鄔底亞納王國，並在印度的金剛座（Vajrasana）駁倒外道諸師，接著在尼泊爾的阿蘇拉洞穴（Asura Cave）獲得無上證悟。在前往西藏途中，他又降伏了一切邪魔，並令他們立誓成爲佛法教護。

蓮師入藏後，五年內便建成桑耶寺的任運自顯洲殿（Spontaneously Arisen Temple of Samye）。在青浦的山洞（Cave of Chimphu）中，他爲以赤松德贊王爲首的八位弟子灌頂，帶領他們進入了寂靜尊與忿怒尊的壇城，並授予他們金剛乘各次第的完整法教。

蓮師大多數的法教皆由耶喜·措嘉（Yeshe Tsogyal）或他自己寫下，並以神通力封緘於各處，如寺廟、聖像、岩石、湖泊、甚至空中，成爲無數的「伏藏」（*gter ma*）。他將這些伏藏一一託付予特定的弟子，並預示這些弟子將會轉世成爲伏藏師（*tertöns*，德童）或取寶者（treasure – finders），在特定時空下將由封藏處取出這些法教以利益衆生。當適當機緣來臨時，伏藏師便會有禪觀（vision）或徵示，指示他在哪裡以何種方式可取出有緣的伏藏。伏藏通常是以象徵性的空行文字寫成，伏藏師目睹之後便能寫下整函完整的法教。至於所謂的「心意伏藏」（mind treasures），則無實物上的出土，而是在伏藏師的心中生起。幾個世紀以來，已經有數百位伏藏師出世。即使在當代，蓮師的伏藏法教仍持續被敦珠法王（Dudjom Rinpoche）、頂果．欽哲法王等偉大的上師取出。這類的法教，有時被稱爲「近傳承」，與經典文字（*bka' ma*）的「遠傳承」相輔相成，是從本初佛、普賢王如來、經由蓮師、無垢友（Vimalamitra）、以及其他偉大的持明者，未有間斷地師徒相傳至今。至於第三種的「淨相」（*dag snang*）傳承，則是蓮師親現伏藏師面前口傳的法教。

在蓮師的指導之下，上百位的印度班智達與相同數目的西藏譯師，將全數的佛經與大部分的印度論典譯成藏文，史稱「前譯」或「舊譯」（*snga'gyur*）時期。而這段時期勃興豐富的精神傳承豐富的精神便被稱為「舊譯派」、或寧瑪派（*rnying ma*）。儘管後來在藏王朗達瑪（King Langdarma）的迫害下，寺廟傳統幾乎被摧毀殆盡，但寧瑪派的法脈卻經由高度證悟的在家瑜伽士傳承而得以延續。

到了西元十世紀末，佛法在印度漸趨衰微，出現了由大譯師仁千・桑波（Rinchen Sangpo，957-1055）帶領的第二波譯經風潮。其後陸續出現的各種傳承被稱為「新譯派」（*gsar ma*），包括噶當派（和其後發展成的格魯派）、薩迦派、噶舉派、香巴噶舉、施身法暨希解派（Chöd and Shije）、時輪金剛（Kalachakra）、與烏金念竹（Ugyen Nyendrub）等傳承。這些新、舊教派的傳承，通稱為「八大修道車乘」。

蓮師的傳承包括了完整的經乘與密咒乘傳統，所分列的九乘當中，囊括了佛法義理與修持的所有層面。儘管一切的法教與修道的目標偕一，但因有情眾生習性與根器不同，佛法就有證得佛果的諸多修道與法乘。這也是何以佛陀與所有依止佛陀的成就上師，會根據不同需要而教導不同方法的緣故。

寧瑪派共有九大證悟法門（或稱「九乘」）。九乘並非分別而不同的修行方式！而是依序而漸次、互通而相攝。猶如萬流歸一海，諸道達一頂，諸乘最終都相融合一於成佛的頂峰，證得大圓滿的光明金剛心（*'od gsal rdo rje snying po*）。這九乘也可精簡爲三乘：小乘、大乘、金剛乘。

小乘法門的根基是出離心。修持的發心是爲了自我解脫。單獨來看時，或許可被稱爲「小乘」（lesser vehicle）；而當與三乘的修道整體合一時，則被視爲是「根基乘」（basic vehicle）。

大乘行者的發心則是爲了利益他人，希望解脫他人的痛苦，引領衆生成佛。在許多基本層面上，大乘都遠較小乘殊勝。菩薩了知個人與一切現象皆無自性，因而將所有現象視爲如夢或如幻。然而，他對於究竟眞理（勝義諦）的了解並不會使他忽略了相對眞理（世俗諦），仍舊以慈心與悲心，圓滿地依止業果法則，持守言行。爲了一切受苦衆生，誓言爲利衆生而證悟的菩薩，生起無盡慈悲，孜孜不倦地利益衆生。但他慈悲與智慧雙運，證得離於執著的究竟自性，使他安住於無別勝義諦的廣大平等中。

金剛乘的法門是以「淨觀」爲基礎，發願以善巧方便的修持，迅速讓自身與他衆離於一切妄念。大乘主張佛性猶如種子或潛藏力一般，衆生盡皆具足。金剛乘則認爲佛性是以智慧或本覺，也就是心的無染面與根本性，現前具足。因此，大乘又稱爲「因乘」，金剛乘則是「果乘」。如同所謂：「在因乘中，心性爲佛果之因；而在果乘中，心性即是成佛果。」由於修道的「果」——佛果，本自具足，行者只需確認此心或除去心的障蔽。金剛乘的入門就是由傳法上師所授予的灌頂（*abhiseka*），旨在授權行者得以修持金剛乘法教，並因而圓滿共（一般）與不共（殊勝）的成就。

蓮師的傳承由他的二十五位大弟子、五位法侶、八十位耶巴（Yerpa，譯注：括號內皆爲當時西藏的地名）的成就者、一百零八位「曲沃瑞」（Chuwori）的大禪定師、三十位「揚炯」（Yangzom）的密咒師（mantrikas）、五十五位「雪札」（Sheldrak）的證悟者（*togdens*）、二十五位空行母、七位瑜伽女，以及無數弟子所延續。他們傳出了許多重要的修持傳承，例如以蘇波・巴吉・耶謝（Sopo Palkyi Yeshey）、素・釋迦・烱乃（Zur Shakya Jungney）、努・桑傑・耶喜（Nub Sangye Yeshe）和娘・加納・庫瑪拉（Nyak Jnana Kumara）等上師開啓傳承。幾個世紀以來，包括戎炯・瑪哈班智達（Ronzom Mahapandita）、至尊龍欽・冉江（Gyalwa Longchen Rabjam）、敏林・德欽（Minling Terchen）、敏林・洛欽（Minling Lochen）、米滂上師（Lama Mipham）等偉大的持教明燈，都闡述了佛法義理與修持法門最爲深奧的部分。上百位主要與千位次要的伏藏師，如五大伏藏法王（five kingly *tertöns*）與十一位林巴們（*ling-pas*），發掘並傳授了適於他們時代最爲深奧的法教。

所有伏藏師的「大印」（Seal），被認爲是蔣揚・欽哲・旺波（Jamyang Khyentse Wangpo，1820-1892）。他在某次禪觀中，清楚地見到埋藏在西藏以及其他國家的所有伏藏。他是西藏歷史唯一領受並且傳授「七部藏」（*bka' babs bdun*）的上師，分別爲佛經、岩藏、封藏（reconcealed treasures）、意藏、全集、淨相、以及得自禪觀的口耳傳承。

蔣揚・欽哲・旺波與蔣貢・康楚・羅卓・泰耶（Jamgön Kongtrul Lodrö Thaye, 1813-1899）、巴楚仁波切（1808-1887）、米滂上師（1846-1912）是十九世紀興起的不分教派（利美）運動的主要倡導者。他花了十三年的時間，毫不懈怠地走訪西藏各地，領受上千種不同傳承的佛法修持，許多是瀕臨失傳的教法。他謙遜地徒步尋訪，身上背著一只背袋，據說還穿破三雙靴子。他與蔣貢・康楚便將這些蒐集到的重要法教集結、編纂、印製成幾部重要的大論著。這些偉大的上師拯救了藏傳佛教的傳承，使它不致衰敗而重現活力。他們將活生生的法脈傳承，交予未來的世代，若無他們的傳承，經典文字將徒留表象而已。蔣揚欽哲旺波在四十歲時開始終生的閉關，直到七十三歲圓寂爲止，都不曾踏出他的關房。

頂果欽哲仁波切

頂果．欽哲仁波切生於西元一九一〇年。初生時，米滂仁波切曾爲他加持，據說這次加持，是他此生最爲重要的事情。頂果．欽哲仁波切年少時來到寧瑪派六大寺廟之一的雪謙寺，遇到了根本上師雪謙．嘉察仁波切（Shechen Gyaltsap Rinpoche，1871-1926），上師正式認證他爲蔣揚．欽哲．旺波的心意轉世，爲他舉行坐床大典，並授予他無數的法教。在雪謙寺，他也遇到了第二位主要的上師蔣揚．欽哲．卻吉．羅卓（Jamyang Khyentse Chokyi Lodro），當時後者恰好來到雪謙寺領受雪謙．嘉察仁波切的教法。

欽哲仁波切內在修證高深、非凡，已成爲精神導師的典範，他是所有遇見他的人慈愛、智慧與悲心的泉源。欽哲仁波切以超過二十年的光陰，在偏遠的隱蔽處與洞穴中閉關，證得這些殊勝的功德。在多次閉關之後與之間的空檔，他不眠不休地利益眾生。他是達賴喇嘛尊者、不丹皇家和無數弟子的主要上師。他因而成爲上師中的上師。他對於藏傳佛教文學的淵博學識，無與倫比。他也繼承了蔣揚欽哲旺波存續所有傳承教典的志業，尤其是那些瀕臨斷絕的法教。

雖然欽哲仁波切非常溫和、安忍，但在他的跟前，面對他寬廣的心性與威嚴的身形，讓人不禁心生敬畏。仁波切於一九九一年圓寂，一九九二年十一月在不丹的帕洛（Paro）附近舉行荼毘大典，約有五萬人參與了這場聖會。欽哲仁波切完全身教合一。雖然他的心看來似乎深不可測、廣不可量，但從凡夫的角度來看，他的確是個非比尋常的好人。他唯一的關注即是他人當下與究竟的福祉。對於任何想要踏上證悟之旅的人來說，他就是修道盡頭、最具啓發的鮮活範例。

二〇〇三年三月於印度雪謙寺

〔中文版序〕

體驗頂果欽哲法王的慈悲智慧

賴聲川

頂果．欽哲仁波切是二十世紀最偉大的藏傳佛法修行者與老師之一。這一位尊貴的大圓滿修行者及「伏藏者」，同時也是極著名的詩人、學者，及哲學家。話說「只要見到他的面孔就能夠保證未來的解脫。」

前年，我有緣翻譯欽哲仁波切的傳記。自從《頂果欽哲法王傳》出版以來，得到很大的迴響，不論是佛弟子或第一次接觸藏傳佛法的讀者，都被書中的文字和精彩的圖片所感動，被引領至另外一個世界中。

之後，在雪謙．冉江仁波切和馬修．李卡德的帶領之下，我們在台灣成立了蓮師翻譯小組（Padmakara Translation Group）之中文翻譯小組，決定用中文出版頂果．欽哲仁波切之所有著作。在小組所有同仁共同努力之下，已經有初步的成績，今年能夠為讀者獻上《證悟者的心要寶藏》和《成佛之道——殊勝證悟道前行法》兩本珍貴的法教，讓讀者體驗頂果．欽哲仁波切開示之廣大與慈悲。

我此生有幸與欽哲仁波切結緣，親自體驗他全身隨時散發出來的龐大慈悲力量。那種感動，讓我受用一生。相信透過本書文字，讀者也能得到相同的啓發。

（本文作者爲頂果欽哲法王文集 總召集）

英文版致謝

在十四世達賴喇嘛和尊貴的朵本仁波切（Doboom Rinpohce）的祈請下，頂果欽哲法王於一九八四年二月在新德里的西藏之家（Tibet House）傳下這些教法。之後，在一九八六年四月於尼泊爾的雪謙寺（Shechen Tennyi Dargyeling Monsatery）和同年七月在法國多荷冬（Dordogne）爲舉行第三次三年閉關的準備工作中，法王再次傳授了原頌中的更多教授。這些開示都收錄於此書。

蓮師翻譯小組（Padmakara Translation Group）成員參與此項翻譯工作者計有：譯者貢秋・天津（Konchog Tenzin）、約翰・康諦（John Canti）；編輯麥可・弗萊德曼（Michael Friedman）、查爾斯・賀斯汀（Charles Hastings）、瑪瑞琳・希薇史東（Marilyn Silverstone）、丹尼爾・斯戴弗勒（Daniel Staffler）和菲利斯・泰勒（Phyllis Taylor）等人。

我們非常感謝尊貴的朵本仁波切同意讓我們使用

（一九八六年由新德里西藏之家出版的）《佛法精義》（*Essence of Buddhism*）一書中，關於此教法的部分原始資料。

我們也由衷感謝貢秋・拉哲巴（Könchog Lhadrepa）為本書（英文版）所做的封面設計，以及其他為此書謄寫打字、貢獻心力的朋友：克莉絲汀・馮德凱（Christine Fondecave）、已故的蘇珊・福斯特（Suzan Foster）、約翰・派帝（John Petit）、安・孟克（Anne Munk）和拉嫫（S. Lhamo）等人。

〔英文版序〕

導讀：
走進欽哲仁波切的智慧傳承

在本書中，十九、二十世紀的兩位偉大上師敘述了完整的學佛之道：從最基礎的發心開始，臻至超越心智概念所能及的——對究竟眞理的直接體悟。

原文是由十九世紀末最傑出的佛教上師之一的巴楚仁波切所寫的長頌。巴楚仁波切言行一致，生活方式一如其教導：他遍歷東藏（康區），棲身於山洞或林間，遠離一切財富、名位和我慢的陷阱；爲人耿直，不能忍受欺騙和僞善。初次見到他的人不免被震懾；但熟識他的人，無不深受其智慧、學識、幽默和深切的慈悲所影響。

這篇長頌是巴楚仁波切住在漢、藏邊界的一個僻遠山洞時，爲一位親近弟子所作。在文中，他首先毫不留情地痛斥日常生活中無所不在的虛矯和僞善，並歸結遠離此不實的泥沼，乃是唯一的解決之道；其後，他扼要說明學佛之道的主要修行，始於認清世俗生活染污和無明的過患。他闡述了前行、生起次第和圓滿次第，以及大手印（The Māhamudrā）和大圓滿（The Great Perfection）的離思禪修。最後，他回歸原題，敦促我們嚴格檢視自己對物欲的偏執，並認眞思惟我們眞正想要如何度過餘生。

原頌的語法精煉，閃耀著機智與文采，詩韻天成，但不失其精要、明確和清晰。在英譯中，我們已盡力傳達原文的某些行文風格，但實無任何譯文可做到完全地信實（熟悉藏文者，可參考書末附錄之原頌）。

然而，在巴楚仁波切精彩偈頌的詩意盎然下猶有深意。此偈頌的目的在於提供一個簡潔、尤其是可茲記誦的架構，加上個別教導，以傳遞歷代師徒經由口傳教法、修行指導和私下相處所累積的大量經驗、知識和智慧。爲了符合此需求，巴楚仁波切寫下這綜理教法、簡要且易於記誦的八十二偈，並配合口頭解說傳授給弟子。

儘管原頌中有許多偈頌被後代作者單獨引用而家喻戶曉，但唯有在活生生的口傳傳統和整部偈頌中，它們才能保有完整的價值。很幸運地，巴楚仁波切的弟子猶如前輩般嚴謹地修持、證悟並傳下了此一傳統。如今，在兩代之後，頂果欽哲仁波切方能將此經驗與智慧的遺產傳給我們。

因此，欽哲仁波切的釋論遠超過僅是對原頌的詳加闡釋，更包括了巴楚仁波切得自其上師，上溯吉美・林巴（Jigme Lingpa）、龍欽巴到蓮花生大士暨無垢友尊者等偉大上師的眞實法教。

雖然釋論在此是以書的形式呈現，但請不要誤認這是欽哲仁波切經過一段時間構思、修改、校訂、調整與增刪而寫下的。這是他信手拈來之作，順口說出，未假片刻的中斷或思索。任何曾親聆欽哲仁波切開示的人，都會熟悉這種非凡的風格。他甚少瞥看一眼原頌，就能自在地開示，不疾不徐、不卑不亢、不止不頓，彷彿是從記憶中讀取看不見的典籍。每個句子，不論多長或多複雜，都完整又合乎文法。而開示的主題也總是頭尾一貫，時間恰到好處，又能切合聽者理解的程度。此外，這種特殊能力並不限於某一特定的教派。欽哲仁波切精通各派教法，無論旅行到何處，他都能在任何教派的寺院內安坐，依其特定的傳承精確地傳法。

一九九一年九月，當本書的英譯工作進入最後階段，仁波切殊勝的一生也走到了盡頭，享年八十一歲。從早年起，仁波切終其一生都在學習、修行和教學。不論何時何地，仁波切總是流露著從不間歇的慈愛、幽默、智慧和莊嚴。他的每一行止，都是為了保存和弘揚所有形式的佛法。毫無疑問地，仁波切是當代佛教最偉大的典範之一。

年輕時期，欽哲仁波切就像巴楚仁波切一樣，在山林野地裡生活與修行。儘管後來的生活境況大幅轉變，但仁波切從未失去純樸的作風。這兩位傑出大師毋庸置疑的共通點，便是他們堅定契合教法的生活方式。他們超越了任何特定的文化脈絡，都具有啓發人們深入詰問自己生命抉擇的能力，並以深廣的證量和智慧，指引人們找到如實修持教法的道路。

就今日來說，書中揭示的問題仍如過往般鮮明而息息相關。欽哲仁波切親自選擇出版此法教，藉以啓迪人們思考自己的生活，同時提供殊勝三乘佛法的完整綜覽與修持方法。巴楚仁波切鮮活鞭闢的偈頌，加上欽哲仁波切明晰踏實的詮釋，誠使本書成為完整精簡、不可多得的修行指引。

在兩位大師的信念裡，強調此教法應在生活中徹底實踐，才是如實體驗萬物的方式，就像不斷呼吸著新鮮空氣般。因此我們很高興能介紹這本書給大家，也希望讀者都能從中獲得啓發鼓舞，並將之銘記在心。

〔原頌作者簡介〕

巴楚仁波切簡傳

巴楚仁波切（一八〇八～一八八七）是一位得證的大師，雖然過著流浪漢般的生活，卻是上世紀最著名的精神導師之一。時至今日，人們對他的記憶仍非常鮮明，他是鼓舞藏傳佛教所有修行者的靈感泉源。

一八〇八年，巴楚仁波切出生於札秋喀（Dzachu-ka），地處雪謙（Shechen）和卓千（Dzogchen）北方的一處康藏遊牧區。幼年時的聰穎、善良和特殊能力很快得到證實。他被認證爲住在同一區的大師巴給·桑滇·彭措（Palge Samten Phuntshok）轉世，以曾建造一座刻有十萬塊六字大明咒的石牆而聞名。後來，有幾位偉大上師認證他是寂天菩薩的化身，也有人認爲他是吉美林巴尊者的語化身。這位年輕的巴給轉世——簡稱爲「巴楚」，正式被推舉爲其前世僧院的住持。

不久之後，他遇到主要上師吉美·嘉威·紐古（Jigme Gyalwai Nyugu）。這位偉大的上師曾住在西藏中部多年，是吉美林巴最傑出的弟子之一，後來回到康區，獨自在接近雪線的紮瑪隆（Dzama Lung）僻遠山谷閉關數年。在他所住的迎風山坡上，甚至沒有山洞可以棲身，唯一的住所是地上的一個凹洞，靠著野菜、草根來維生。幾年過去後，這位非凡苦行者的聲名遠播。數以百計的弟子前來求見，在附近搭帳棚住了下來。吉美．嘉威．紐古是修行者的典範，生活極爲儉樸，決心一直在那兒閉關直到徹底證悟。從吉美．嘉威．紐古處，巴楚仁波切接受了不下二十五次的《龍欽心髓》前行教授，以及其他許多重要法教。他非常精進地研習、修持這些法教。巴楚仁波切十幾歲時，曾花了很長一段時間在各地尋訪、隨侍上師——多數上師都居無定所。除了吉美．嘉威．紐古，巴楚仁波切還跟當時最重要的許多大師學習，包括第一世多竹千（the first Dodrup Chen）、吉美．聽列．偉瑟（Jigme Trinle Oser）、吉美．哦薩（Jigme Ngotsar）、多拉．吉美（Dola Jigme）、卓千寺的嘉瑟．賢遍．泰耶（Gyelse Shenpen Thaye），以及大成就者多欽哲．耶謝．多傑（Do Khyentse Yeshe Dorje）等。

多欽哲．耶謝．多傑是持明吉美林巴的意化身，從小就有天生的千里眼，示顯無數神通。巴楚仁波切對這位不尋常的大師具有強烈的虔誠心，視其爲佛。有一天，多欽哲在札秋看到巴楚從附近經過時，大叫：「喂！巴給，過來！你不敢嗎？」巴楚一走近，多欽哲便一把揪住他的頭髮，把他猛摜在地上，然後在泥地上拖拉著他。巴楚知道多欽哲醉得很厲害，呼氣都透著酒味。他心想：「連他這樣的大證悟者也會醉成這樣，做出不合理的舉動！」他的心裡浮現佛陀對飲酒過失的闡釋。

就在這一刻，多欽哲突然鬆手放開巴楚，狠狠地瞪著他說道：「噗！你腦袋瓜裡想著什麼邪惡、迂腐的念頭！你這條老狗！」接著朝巴楚臉上吐口水，向他伸小指（一種極端輕蔑的手勢），就走了。剎那間，巴楚了悟到：「我完全被迷惑了。這是一個直指究竟心性的甚深教授。」他以禪定姿坐下，無礙覺性（unobstructed awareness）的證量從心中自然生起，清朗如無雲晴空。早先吉美．嘉威．紐古授予的本覺教示宛如破曉，而多欽哲給他的這個證驗則像完整的日出。後來，巴楚仁波切開玩笑地說：「『老狗』是多欽哲給我的一個祕密灌頂法名。」在巴楚仁波切的一些著作上，他也署名爲「老狗」。

在他前世的姪兒過世後，巴楚仁波切決定終其餘生過著無家、無恆產的生活。他將一切寺務料理妥當後，就離開過著浪遊的生活。

卓千寺四周險峻、茂密的山丘及谷地，星布著棲身小屋和茅棚，是巴楚仁波切無家生活初期多半的居住之地，往後他也常回到那兒。在卓千寺，他從嘉瑟．賢遍．泰耶和成就者第四世卓千仁波切敏珠．南開．多傑（Mingyur Namkhai Dorje）處得到很多教授。他也在此處的大威德禪修洞（Yamantaka Meditation Cave）中寫下名著《普賢上師言教》。

在山林間漫遊，住在山洞、森林與荒煙蔓草中的隱修處，他持續禪修著慈、悲和菩提心——願一切眾生解脫成佛。這些是他所持守的修行根本。對任何人，不論尊卑，他都會說：「沒有任何事比心地善良、行為仁慈更重要。」當他的菩提心愈趨深廣時，對於究竟當下的大圓滿證悟也就愈發深入。

四十三歲那年，巴楚仁波切前往安多（Amdo）拜會偉大的上師夏嘎．措竹．讓卓（Shabkar Tsokdruk Rangdrol）。在半路上，他聽說夏嘎已經圓寂，便改道去了果洛（Golok）。在那兒，他再度常伴嘉瑟．賢遍．泰耶。他教化了果洛地區的人民，甚至說服強盜與獵人放棄劫奪和殺生。

年輕時，他師事當時最偉大的上師，並以驚人的記性將學到的大部分法教牢記於心。稍長，他能一次教導最複雜的佛教哲理長達數月，毋須倚賴任何一頁經文。他說法時，人們的心完全被轉化。每位聆法者都感受到祥和，且能毫不費力地安住於思惟修。他所說的話，即使只有簡單數語，也能開啓一道通往修行生活、連綿不絕的新視野之門。他的開示直截了當，可讓人們立即應用於內在的修證經驗上。他淵博的學識、溫暖的加持力和深廣的內證功夫，使他的法教擁有迥異於其他上師的特質。

從他的外表、衣著以及和不相識者的相處方式來看，巴楚仁波切與一般人無異。偶然遇見他的人，都想不到他是一位偉大的上師。甚至還有一些不認識他的喇嘛，對他講授巴楚仁波切自己的著作。他一無所有，完全遠離俗務，也從不接受供養。如果有人堅持供養他一些金、銀或其他貴重物品，他便隨處放置，然後毫不在意地離開。當他停留於某地時，沒有固定的計畫；離開某地時，也不會有特定的目的地。他身上只帶著一根拐杖、隨身衣物，以及一只裝著煮茶用的泥壺與一本《入菩薩行論》(*Bodhicharyāvatāra*) 的小布袋。他隨意在森林、山洞或不知名的途中停歇，久暫不定。

每個與他相處過的人都說他只談論佛法。他可能會傳法，或述說古代偉大上師的故事，但從沒有人聽他聊過世俗的閒話。他幾乎不太講話，而開口時，都非常坦率直接，對那些喜好恭維的人來說是很不舒服的。他的風範令人敬畏，甚至在一開始令人感到害怕，也只有那些眞心需要他的精神指引的人才會接近他。但所有堅持追隨他的人，到最後都會發現自己離不開他。

當今所有最優秀的上師們咸認巴楚仁波切是最傑出的禪修大師，毫無疑問地已證得了勝義諦。至尊達賴喇嘛常公開讚美巴楚仁波切的菩提心教授，那是他持守和傳授的法教。頂果欽哲仁波切也推崇巴楚仁波切是修持大圓滿見、修、行的完美典範。

巴楚仁波切確實從心裡了解十四世紀的大師至尊龍欽巴著名的《七寶藏論》（*Seven Treasures*）及其他作品，他認爲至尊龍欽巴是佛教修行道次第的究竟權威（ultimate authority）。當巴楚仁波切在山洞或簡陋的隱密處閉關時，會寫下一些作品；這些高深、原創的論釋大多收錄在他的六函著述中。他最受歡迎的作品《普賢上師言教》，是以鮮明的地方色彩穿插豐富軼聞的方式，來闡述吉美．嘉威．紐古傳授的寧瑪派傳統前行法（或加行法）。此書受到西藏各教派大師和弟子的一致推崇。

巴楚仁波切毫無偏私地教導各教派的弟子。他與蔣貢・康楚・羅卓・泰耶、蔣揚・欽哲・旺波及米滂上師在不分派運動的發展中扮演了舉足輕重的角色。此運動在十九世紀興起，當許多珍貴的傳承與法教瀕臨滅絕時，曾重振了西藏的佛教。巴楚仁波切力倡獨處之樂與隱修的簡樸生活，總是強調世俗的努力和追求是無益的。

一八八五年，巴楚仁波切七十七歲時，返回出生地札秋喀，直到一八八七年圓寂。他的侍者蘇南・才仁（Sonam Tsering）描述了他圓寂前數小時的情形：

十七日當天，他吃了一點食物，並念誦懺悔續（Confession Tantra）。然後做了一些大禮拜、五支瑜伽（fivefold yogic exercise）和運動來打開心脈。翌日清晨，他吃了一些酸奶，喝了一些茶。當陽光開始普照時，他脱掉衣服，身體坐直，盤腿金剛坐，雙手置於膝上。當我替他披上衣服時，他沒有説什麼。當時有三個人在他身邊——貢陽（Kungyam）、醫師和我。一段時間後，他兩眼直視虛空，雙手手指輕扣在衣服下結定印，然後進入廣大光明的內在本淨虛空中（inner space of primordial purity），圓寂的無上圓滿境界。

巴楚仁波切的諸多重要弟子包括第三世多竹千仁波切（Dodrupchen Rinpoche）、紐修・隆多・滇貝・尼瑪（Nyoshul Lungthok Tenpai Nyima）、阿宗・竹巴（Adzom Drukpa）、米滂仁波切、掘藏師索甲（Tertön Sogyal）、第五世卓千仁波切（Dzogchen Rinpoche）、第二世噶陀・錫度仁波切（Katok Situ Rinpoche）、堪布昆桑・白登（Khenpo Kunzang Pelden）、堪布雍嘎（Khenpo Yonga）以及堪布賢嘎（Khenpo Shenga）。現今很多偉大上師持有巴楚仁波切法教的直接傳承，其間只隔了一、兩代。頂果・欽哲仁波切幼年曾受米滂仁波切加持，並從巴楚仁波切的幾位親傳弟子處領受法教。因此巴楚仁波切的法教、加持及啓迪力至今仍與我們同在。

〔本書作者簡介〕

頂果欽哲法王簡傳

頂果欽哲法王是最後一代在西藏完成教育與訓練的偉大上師之一。他是古老的寧瑪巴傳承的主要上師之一，是實修傳承的傑出持有者。在他一生中，曾閉關二十二年，證得許多受持法教的成就。

他寫下許多詩篇、禪修書籍和論釋，更是一位伏藏師——蓮師埋藏之甚深法教「伏藏」的取寶者。他不僅是大圓滿訣竅的指導上師之一，也是窮畢生之力尋獲、領受和弘傳數百種傳承的持有者。在他那個世代中，他是利美運動（不分派運動）的傑出表率，以能依循每一教派本身的傳承來傳法而聞名。事實上，在當代上師中，只有少數人不曾接受過他的法教，包括至尊達賴喇嘛等多數上師都敬他爲根本上師之一。

集學者、聖哲、詩人和上師之師於一身，仁波切以他的寬容大度、簡樸、威儀和幽默，從未停歇對緣遇人們的啓迪。頂果．欽哲仁波切於一九一〇年出生在東藏的丹柯河谷（Denkhok Valley），其家族是西元九世紀赤松德贊王的嫡系，父親是德格王的大臣。當他還在母親腹中時，即被著名的米滂仁波切指認爲特殊的轉世。後來米滂仁波切將他取名爲札西・帕久（Tashi Paljor），並賜予特殊加持和文殊菩薩灌頂。

仁波切幼年時便表現出獻身宗教生活的強烈願望，但他的父親另有打算。由於他的兩位兄長已離家投入僧侶生涯：一位被認證爲上師轉世，另一位想成爲醫師，仁波切的父親希望最小的兒子能繼承父業。因此當仁波切被幾位博學大師指認爲上師轉世時，他的父親無法接受他也是祖古（*tülku*）——上師轉世——的事實。

十歲那年，這個小男孩因嚴重燙傷而病倒，臥床幾達一年。多聞的上師們都建議，除非他開始修行，否則將不久人世。在眾人懇求之下，他父親終於同意這個小孩可以依照自己的期盼和願望來履行使命。

十一歲時，仁波切進入東藏康區的雪謙寺，這是寧瑪派六大主寺之一。在那裡，他的根本上師，米滂仁波切的法嗣雪謙・嘉察，正式認證他爲第一世欽哲仁波切——蔣揚・欽哲・旺波的意化身，並爲他舉行座床典禮。蔣揚・欽哲・旺波（1820～1892）是一位舉世無雙的上師，與第一世蔣貢・康楚共同倡導全西藏的佛教文藝復興運動，所有當今的西藏大師都從這個運動中得到啓發與加持。

「欽哲」意即智慧與慈悲。欽哲傳承的轉世上師是藏傳佛教發展史上的幾位關鍵人物，其中包括赤松德贊王、九世紀時與蓮師一起將密法傳入西藏的無垢友尊者、密勒日巴尊者弟子暨噶舉派祖師的岡波巴大師（Gampopa）、十八世紀取出龍欽心髓（Longchen Nyingthig）的吉美林巴尊者等。

在雪謙寺時，仁波切有很多時間住在寺廟上方的關房，跟隨其根本上師學習與修行。在這段期間內，雪謙・嘉察授予他所有寧瑪派的主要灌頂和法教。仁波切也向其他許多大師學習，包括巴楚仁波切著名的弟子卓千堪布賢嘎。堪布賢嘎將自己的重要著作《十三部大論》（*Thirteen Great Commentaries*）傳給他。他總共從超過五十位上師處得到廣泛的法教與傳法。

雪謙・嘉察圓寂前，欽哲仁波切向他敬愛的上師許諾：他將無私地教導任何請法之人。此後，從十五歲到二十八歲間，他大多數的時間都在閉嚴關，住在偏遠的關房和山洞裡，有時只住在離出生地丹柯河谷不遠山區裡突出山岩的茅棚中。

頂果・欽哲仁波切後來伴隨宗薩・欽哲・卻吉・羅卓（1896～1959）多年，他也是第一世欽哲的轉世之一。從卻吉．羅卓處接受了《大寶伏藏》（*Rinchen Terdzö*）的許多灌頂之後，仁波切表示他想將餘生用於閉關獨修。但卻吉．羅卓回答：「這是你將所領受的無數珍貴法教傳下、授予他人的時候了。」從此，仁波切便孜孜不倦地爲利益衆生而努力不懈，成爲欽哲傳承的標竿。

離開西藏後，欽哲仁波切遍歷喜瑪拉雅山區、印度、東南亞及西方各地，爲衆多弟子傳授、講解佛法，多半由妻子桑雲．拉嫫（Sangyum Lhamo）和孫子暨法嗣的冉江仁波切（Rabjam Rinpoche）隨侍在旁。

不論身處何地，仁波切總是在黎明前起床，祈請、禪修數小時後，再開始一連串活動，直到深夜。他能夠安詳自在地完成一整天的沈重工作。無論他做什麼——他可以同時處理幾樣不同的工作——似乎都與他自然流露的見、修、行一致。他的弘法與生活方式已和諧地融爲一體，渾然融入了修行道上的各個階段中。他也廣作供養，一生中總共供了一百萬盞酥油燈。所到之處，他也資助許多修行者和有需要的人們，其謹嚴的態度，只有極少數的人知道他所做的善行。

仁波切認爲在聖地建塔興寺有助於防止戰爭、疾病與饑荒，並能促進世界和平，提升佛教的價値與修行。

在不丹、西藏、印度及尼泊爾，他不屈不撓地啓建、重修了許多佛塔與寺院。在不丹，他依照先前爲國家和平所做的預言，建造了數座寺院供奉蓮師，並蓋了一些大佛塔。漸漸地，他成爲全不丹人，上至皇室下至平民最尊敬的上師之一。近幾年，仁波切重返西藏三次，重建並爲毀於文革時期的雪謙寺開光，且以各種方式捐助修復了兩百間以上的西藏寺院，尤其是桑耶寺、敏珠林寺（Mindroling）和雪謙寺。在印度，他也在佛陀成道的菩提樹所在地菩提迦耶建了一座新塔，並計畫在北印度其他七處和佛陀有關的偉大聖地建塔。

在尼泊爾，他將豐富的雪謙傳統搬入新家——位於波納斯大佛塔（stupa of Bodhnath）前的一座宏偉寺院。此寺成爲他的主要駐錫地，可容納住持冉江仁波切所領導的衆多比丘。欽哲仁波切有一個特別的願望，希望這座寺院能成爲以原有純淨傳承來延續佛法的道場，如同他們先前在西藏所學習、修行般。他也投注相當大的心力教育傑出的年輕上師，使其能擔負延續傳統之大任。

西藏的佛書與圖書館歷經大規模的破壞之後，很多著作都只剩下一、兩個副本。仁波切花了多年時間，儘可能印行西藏佛法的特殊遺產，總共印製了三百函，包括蔣貢康楚的《五寶藏論》（*five treasures of Jamyang*

Knogtrul）。直到晚年，仁波切都還在尋訪他尚未得到的傳承，並傳授弟子他所持有的傳承。終其一生，在數不盡的法教中，他曾傳授兩次一百零八函的《甘珠爾》（*Kangyur*），以及五次六十三函的《大寶伏藏》。

他在一九七五年首度造訪西方，此後又造訪多次，包括三趟北美之行，並在許多國家傳法，尤其是在他歐洲的駐錫地，位於法國多荷冬的雪謙．滇尼．達吉林（Shechen Tennyi Dargyeling）。在那裡，來自世界各地的弟子都從他身上獲得了廣泛的法教，有幾批弟子也在他的指導下開始傳統的三年閉關修行。

透過他廣大的佛行事業，欽哲仁波切不吝地奉獻全部生命於維續、弘揚佛法。讓他最感欣慰的事，就是看到人們實修佛法，生命因發起菩提心和悲心而轉化。

即使在生命的最終幾年，欽哲仁波切非凡的精神與活力也甚少受到年歲的影響。但在一九九一年初於菩提迦耶弘法時，他開始示顯生病的初步徵兆。然而，在結束所有教學課程後，他仍繼續前往達蘭莎拉（Dharamsala），順利地以一個月的時間，將一系列重要的寧瑪派灌頂和法教傳給至尊達賴喇嘛，圓滿後者多年的祈請。

回到尼泊爾後，正值春季，他的健康持續惡化，許多時間都花在默默祈請與禪修中，每天只保留幾小時會見需要見他的人。後來他決定前往不丹，在蓮師加持的重要聖地「虎穴」（Paro Taktsang）對面閉關三個半月。

閉關結束後，仁波切探視幾位正在閉關的弟子，開示超越生死、超越任何肉身化現的究竟上師之意。不久後，他再度示現病兆。一九九一年的九月二十七日夜幕低垂時，他要侍者幫助他坐直。次日凌晨，他的風息停止，心識融入究竟空性之中。

導言
開啓證悟者的心要寶藏

領受和修學法教的正確發心

等虛空無邊無盡的衆生，小至微細昆蟲的每個生命，都希望離苦得樂。但沒有一個衆生了解，在追尋快樂的過程中，唯有遵循善行方能帶來快樂；也沒有一個衆生明白，在努力避免痛苦時，會因惡行而導致痛苦。因此衆生不知不覺地悖離了快樂，陷入痛苦之中。

期待快樂又不放棄惡行，就好比把手伸進火裡卻不希望被火燒炙般。當然，沒有人願意受苦、生病、挨餓受凍——但只要我們繼續縱情作惡，苦難將永無止境。同時，除非我們有善的行爲、言語和思想，否則永遠不會獲得快樂。善行必須靠自己培養，買不到也偷不來，更不可能碰巧遇到。

我們的作爲不外乎身、語、意三者。這三者中，身、語的活動無法自行引發；意決定了我們的所言所行。如果任由心意到處馳騁，只會滋生愈來愈多惡行，這正是我們累世在輪迴（saṃsāra）①中不斷徘徊流轉的原因。

①輪迴：生、死與再生的不斷循環，其間充滿苦痛，今生只不過是個瞬間。

在無始輪迴和累世中，我們必曾有過父母。事實上，因我們不斷受生，所以每位衆生②都必曾是我們的母親或父親。每當思及這些曾爲我們父母的衆生，長久無

②衆生：字義上表「具有心念者」。

助地在輪迴中流浪，好像瞎子迷了路時，不禁會對他們生起強烈的悲心。然而，光有悲心是不夠的；他們需要實質的幫助。但只要我們的心還受制於執著，僅供給他們食物、衣服、金錢，或只付出情感，最多只能帶給他們有限和短暫的快樂而已。我們必須找到一條路，幫助他們從痛苦中完全解脫出來。而唯一能達到這個目標的方法，就是實修佛法①。

因此，在接受這些珍貴的法教之前，首先應該生起正確的發心，明白學習和修行的目的不是只爲自己，主要是爲了讓衆生從輪迴大海中解脫，並引領他們證悟成佛。這便是廣大圓滿的菩提心②。

菩提心，意即「覺悟的思惟」(the thought of enlightment)。它有兩個面向：一是爲了一切衆生，二是智慧的開展。

第一個面向是對一切衆生無分別的悲心，不分誰是朋友，誰是敵人。心中常存這種悲心，力行每一件善事，即使只是供一盞燈或念一句咒，都希望能利益一切有情，無一例外。

然而，要眞正幫助所有衆生，單有悲心還是不夠。我們常用一個故事來說明：雙手癱瘓的母親無助地望著孩子被洪水沖走；毫無疑問地，她雖有悲心，卻無法解

①法：法有多種意義：此處指由釋迦牟尼佛及其他證悟者傳下的各種法教。傳法旨在教導衆生何者應為，何者應避免，而能自輪迴中解脫，證得圓滿佛果。

②菩提心：在世俗諦上，是為了救度衆生離輪迴之苦而成佛的誓願與決心；就勝義諦而言，是超越一切概念之空、悲不二。

救溺水的孩子。因此凡是可以幫助衆生離苦、引領他們獲致證悟之事，我們都必須劍及履及。我們應該了解自己何其幸運，能出生在値佛住世、並傳授佛法的世界，得遇善知識、並接受其教導。現在正是我們善加利用寶貴人身，往解脫道上邁進的時刻。

俗話說：「人生可引領你至開悟，也可引領你入地獄。」依著所發的心願和所抉擇的方向，我們可以成爲聖者，證悟佛性，也可以變成十足的惡棍，死後直墮地獄。佛法的教授讓我們能辨別這兩個方向，明示我們何者當爲，何者應避免。

現在我們仍十分欠缺助人的能力。但如果我們所做的每件事，都以祈願衆生離苦爲動機，那麼不斷地發願終會實現。動機引導行爲的動力，就像灌溉溝渠將水引至所需之處一般。每件事都取決於我們的動機。如果我們全部的希望只是福壽雙全，那我們最多也只能達到那樣；但如果我們盼望所有衆生都自輪迴解脫，我們最終也會達成這個無比崇高的目標。所以最重要的是，不要將願力投往低下的目標。

從前，有位母親和幼子搭乘小舟橫渡湍流。到了河中央，水勢急高，小船行將翻覆之際，他們警覺大禍臨頭。母親心想：「願我子得救。」孩子同時想著：「願我母獲救。」雖然船沈了，母子雙雙溺斃，但因其祈願的清淨和力量，使兩人即刻往生殊勝的淨土①。

菩提心的另一面向是智慧的開展，證悟空性是爲了利益衆生而成佛。這兩種菩提心——慈悲的善巧與空性的智慧，應永不分離，猶如鳥的雙翼，缺一不可。徒具悲心不足成佛，僅靠了悟空性亦無法得證。

用一般的動機行善，必會帶給我們某些快樂，但那只是曇花一現。這種快樂很快就消失了，我們在輪迴的無助漂流仍將持續下去。反之，如果我們所做、所言、所思的一切皆出自菩提心，快樂就會不斷增長，永不枯竭。發菩提心所行之果，不同於一般善念所做的善行，永遠不會被憤怒或其他煩惱毀壞。

因此，不管我們做什麼，心永遠是最重要的。這也是佛教教法著重於使心完美的原因。心是王，身、語爲僕，必須聽心吩咐行事。是心產生信心，也是心感到懷疑；是心存有愛，也是心懷有怨恨。

所以，向內省察你的動機，因爲這決定了你所行是善或惡。心如同透明的水晶，放在何種顏色的布上，就現出何種顏色——在黃布上是黃色，藍布上是藍色，諸如此類。同樣地，不管外相如何呈現，你的心態替心著色，決定了行爲的特質。心的本性並不是那麼遙遠或不

①淨土：諸佛智慧之化現。依佛之三身有不同層級。有些只有佛能見；有些是菩薩亦能見；有些如阿彌陀佛的極樂世界，則投生其中的凡衆也可見。我們可經由不斷憶念下列四事，得以往生此種淨土：
1）淨土的功德。
2）懇切祈願往生淨土。
3）令衆生皆得大樂之發願。
4）累積福慧資糧。

可測知，它永遠是當下立現的。但如果你想看清楚心是什麼樣子，你找不到有某種東西是紅的、黃的、藍的、白的或綠的；它既非方亦非圓，更不是一隻鳥、一隻猴子或任何東西的形狀。心純粹是認知和記憶無數念頭的所在。如果你的思緒是善的，那麼你已調伏了心；如果用心不良，那就是還未調伏心。

馴心使其向善需要毅力。不要認爲：「佛是完全證悟者，觀世音菩薩①是悲心的化身，如我這般的凡夫如何助人？」不要氣餒，當你的發心愈來愈廣大，行善能力也將隨之擴展。現在你可能沒有像觀世音菩薩那樣的本領，但開展的方式就是修習佛法。如果你不斷發願利益他人，眞正實現的能力自會顯現，就像水往山下流一般自然。

①觀世音菩薩：大悲之佛，此偈頌所述之修持主尊。

所有的困難皆導因於不顧他人。無論你做什麼，都應常常端詳自己的心性之鏡，檢視爲自己、爲他人所做所爲的眞正動機。慢慢地，在任何環境下你都能開展出馴心的能力；同時藉著跟隨往昔成就者的腳步，在一生中便可證悟成佛。善心好比一塊金光閃耀的沃土，能以其黃金般的光芒照亮整片天空。但假若身、語、意未曾調伏，要獲致任何證悟的機會是很渺茫的。時時留意你的念頭、言語和行爲；如果身、語、意走錯了方向，你在佛法上的修學都將徒勞無功。

輪迴是指衆生的行爲受到無明煩惱所擺布的情境，自身的痛苦無所不在；涅槃則是超越了所有痛苦的狀態，換句話說，就是成佛。如果我們任由心隨著負面的喜好遊走，自然會走上輪迴之路。現在我們正處在十字路口：我們很幸運地在有佛出世，並傳授佛法的世界中投胎爲人；我們遇到能傳授佛法的善知識，接受他的教導，同時身心俱全，可實修其教法。現在端看我們的決定：是要以帶領一切衆生到達證悟的殊勝之境來攀登解脫道？還是要往下墮入更深、更難以逃脫的輪迴迷宮？

如何修學此教法

藉由佛法的教授，我們可以帶領所有衆生臻至圓滿佛果。因此，當我們領受法教時，去除讓我們無法清楚了解法教的習染——斷器三過[①]、六垢[②]和持法五失[③]——是很重要的，否則修學這些教法只是浪費時間而已。請以全然的正念專注於這些教法之上，同時廣修六度[④]。

①斷器三過：
1）不留心法教，猶如倒放之壺，所倒之物皆被蹧蹋。
2）遺忘法教，猶如底有破洞之壺，所倒之物皆被漏盡。
3）以惡念聞法，猶如含毒之壺，所倒之益物皆被毒染。

②六垢：
1）以驕慢心聞法，認爲自己足可媲美上師。
2）缺乏信心聞法，專挑上師與法教的毛病。
3）冷漠對待法教，認爲有無受法皆無關宏旨。
4）不是被周遭事物分心（掉舉），就是內弛而昏昏欲睡（昏沉）。
5）煩躁，認爲講法太冗長或外境無趣。
6）氣餒，認爲沒有能力修法或證悟成佛。

③持法五失：
1）牢記句子，但不記得意義。
2）牢記意義，但不記得句子。
3）牢記句、義，但不解其旨趣。
4）牢記句、義，但搞錯順序。
5）牢記錯誤之義。

④六度：能脫離輪迴的超越之行或圓滿之行，即布施、持戒、忍辱、精進、禪定、般若。其之所以超越，係因超越了對世俗布施、持戒……等的執著。

此教法的內涵

我們在此修學的教法是以《前、中、後三善道》爲名，附題是《見、修、行的修法——證悟者的心要寶藏》。作者札・巴楚仁波切是大菩薩寂天（Shāntideva）[1]的化身。終其一生，他示現出完美無瑕的戒行、無盡的慈悲、深奧的智慧，以及對世間俗務的全盤出離。

佛陀以其善巧方便和無量慈悲開示了許多廣大甚深的法教，全收集在三藏 （Tripiṭaka）[2]中。解釋這些法教的「論藏」（Shāstras）[3]，不是佛陀所親撰，乃是由其後歷代的佛教大師——爲人所稱頌的印度班智達（paṇḍitas）及西藏博學的成就聖者所寫成。巴楚仁波切所寫的這個教法，即是此論藏或釋論的一例。

所有不同的法教，最終皆爲了要證得解脫。其多樣浩瀚，正反映出修行者的各種根器與特性。《前、中、後三善道》特別以易懂易修的方式來陳述，但仍完整涵攝了小乘（Hīnayāna）和大乘（Mahāyāna）[4]法教的精要。

一如傳統，這個教法可分爲三部分：緒論、正文和結論。每一部分皆有其特定的主旨：首先討論末法時期的衰敗和衆生的強烈痛苦；其次闡明經乘（Sūtrayāna）[5]

①寂天菩薩：八十四大成就者之一。著有《入菩薩行論》之大班智達，其中廣泛描述菩薩慈悲道之最基本和重要大乘經義。

② 三藏：字義為「三個籃子」。律藏為佛陀建立的在家、出家戒律之總彙。經藏為佛陀之講經。論藏詳述宇宙和衆生之形成、結構與過程，並將成佛之道上各次第予以分類。

③論：在九種論中，只有1)、6)、9）有效，其他六者應捨棄：
1）適當主題之論。
2）不當主題之論。
3）無意義主題之論。
4）為求作者名聲之論。
5）為激發矛盾之論。
6）為啓發靈性修持之論。
7）欺瞞之論。
8）非出於慈悲之論。
9）能令解脫輪迴下三道痛苦之論。

④小乘乃為自身尋求自輪迴中解脫者之道；大乘則為利益一切衆生之故而求圓滿證悟。

⑤經乘：釋迦牟尼佛所說法之佛經總集，分為大乘及小乘經典。

和密乘（Mantrayāna）[1]的見、修、行；最後是要從日常俗務中解脫出來。

第一部分，力促我們內省自己的過失和輪迴生活的過患。如此我們才會認清自己庸碌地忙於事業和其他以自我爲中心的活動，無非是自欺欺人之舉，因爲我們都受好惡所縛，貪愛友人而怨恨仇敵。了知這些是多麼無意義，自會對其厭煩而開始產生強烈徹底的出離心。這種企求解脫的決心，是一切佛法修行的基礎，因爲只有當我們洞悉輪迴的過患時，才會急切地全心投入修行。

佛陀在初轉法輪時，開示「在輪迴中，無一非苦」，此乃四聖諦[2]的第一諦。衆生都在追求快樂，但由於無明，所作所爲都恰與能眞正帶來快樂的做法相違。他們不能了解眞正的快樂唯有了悟佛法，而被自心所造作的貪愛和瞋恨盤據，陷入妄想之網中，在痛苦中打轉而無法自拔。

現今的世紀被稱爲末法時期[3]或餘法時期，是因爲它僅殘留了遠古偉大黃金時期的少許完美特質。今日的人們悖離佛陀的法教，只有極少數的偉人眞正遵循佛法生活著。每個人都極度渴望幸福，但這個時代盛行的觀念和生活型態只帶來更多痛苦。

活在三惡道中的巨苦是如此劇烈得難以想像。地獄

①密乘：釋迦牟尼及其他諸佛所說法之密續總集。不僅闡述化身佛境界，亦談及報身佛、法身佛之微妙和究竟境界，又稱金剛乘。

②四聖諦：
1）苦——應知苦諦。
2）集——應棄苦因。
3）滅——應達滅諦。
4）道——應證此道。

③末法時期，即梵文 kaliyuga：「殘破時期」或黑暗時期，久遠前黃金時期之圓滿，只剩下毀墮的殘跡。尤以下列五種衰敗爲甚：
1）命濁——壽命減少。
2）劫濁——環境惡化。
3）見濁——衆生見的毀壞。
4）衆生濁——才能退失。
5）煩惱濁——煩惱障增多。
第五偈之注解有更進一步的說明。

道的衆生被難忍的炙熱與嚴寒折磨；在餓鬼道中，是無法想像的饑渴交迫；畜生道在無知愚癡中，被奴役剝削，深受恐懼之苦。即使我們無法全盤了解這些惡道衆生的感受，難道不應當至少想想自己在這一生的作爲所帶來的痛苦嗎？

如同噶當派（Kadampa）的聖者曾說的：「最好的教法，是能照亮我們內隱過患的教法。」首先，我們應當銘記輪迴是苦，然後認清自己的過失，找出過失的原因。痛苦的本源是無明，而無明的本源則是誤認有「我」。殊勝的月稱菩薩（Chandrakīrti）[①]曾說：

最初說我而執我，
次言我所則著法，
如水車轉無自在，
緣生興悲我敬禮。

執著於**我的**身體、**我的**心和**我的**名。我們努力排除自己不喜歡的，抓取自己想要的。這是執著，也就是自我的基本作用，是痛苦的根源。

爲了使我們思考末法時期的人們是如何行止的，此教法的第一部分旨在澄清我們對輪迴的認知，並啓發我

①月稱菩薩：生於印度南部某婆羅門家族，是龍樹菩薩的大弟子（譯註：月稱菩薩應是佛護的再傳弟子，爲印度大乘佛教晚期，亦即密乘於印度佛教興起之時期，約爲西元七、八世紀，距龍樹菩薩的二、三世紀有別）。爲一著名學者，證得殊勝成就並以神通聞名。例如由畫中母牛擠乳供給僧團，用神通號令石獅怒吼而退敵。是那爛陀佛學院的教師，曾在此與得觀世音菩薩親助之月官辯論達七年。此處係引述月稱菩薩《入中論》（*Madhamakāvatāra*）中有關悲心啓敬偈。

們對輪迴產生深切的悲感。這會使我們產生強烈的動機，將自己從各種習氣和無明所造就的永恆痛苦中解脫出來。但不管動機多強烈，單有動機還是不夠。之後我們所需要的，是要了解如何才能眞正從輪迴中解脫出來。換言之，即我們要如何修習佛法。

第二部分解釋如何將對治所有輪迴染污的佛法眞正用於實修。它詳釋佛陀教法的核心——大乘的見、修、行。藉由修持這些教言，過去因無明所造成的業果和染污將被淨化，所有本俱的解脫和證悟特質將得以彰顯。在這些教法中，特別著重諸佛慈悲的化現——大悲觀世音菩薩的禪修教導。

首先，必須徹底建立正確的「見」。建立見，意味著對勝義諦的完全信解，了知情器世間雖然顯明、有用，卻全無任何究竟的實性。這種對萬象「顯而空」的見，是開展出完美佛果的種子。對見的正確了解是建立見的第一步。然後，爲了把見和自己內在的體悟相融合，必須一而再、再而三地修持，這就是「修」。在任何時地皆能保有認見的修持，則是「行」。透過見、修、行三者持續結合，修持佛法的「果」會完全成熟。誠如俗諺所說：「當牛奶被細心地攪動，奶油就製成了。」

修行的果是什麼呢？溫柔與持戒代表了悟（understanding）；了無煩惱則是禪定的徵兆。這些和所有解脫的功德，會在我們的生命中札根，並自在地顯現在行爲中。建立見，就好比了解某種特殊工具的特性和效用；修是去購買這工具，並學習如何使用；行是隨時嫻熟地使用；果則相當於用它所達成的完美任務或成品。

此教法的第三部分，說明修持的成果是在日常生活中免除俗務的羈絆，並能與教法融爲一體。當我們對輪迴生出強烈的厭離心，克服輪迴能帶來幸福的妄念後，將自己浸潤在佛法修行中，日增的自在會自然現起：我們不再被引發痛苦的事物誘惑。唯有將心轉離俗世的目標，發展眞正的出離決心後，才能達到解脫的目的。

〈啓敬偈〉

頂禮

正文由頂禮「南無 世自在王」(Namo Lokeshvarāya)開始。

這句梵文的意思是「頂禮宇宙無上聖王」，意即頂禮最偉大的觀世音菩薩（Avalokiteshvara，或藏文的 Chenrezi)。

觀世音菩薩的大慈大悲廣被一切衆生，從平民到國王，從聲聞、緣覺到所有的十地菩薩[1]。觀世音菩薩體現了無別於廣大佛心的大悲心。悲心在佛陀的法教中具有如此的核心地位，是因爲一切深廣的菩薩道都是從悲心所生；悲心也是覺悟的本心。在世俗諦的層面，觀世音菩薩是諸佛的心子，爲了利益一切衆生而示現十地大菩薩之相。就勝義諦而言，他是諸佛、諸佛淨土和此劫一切轉輪聖王化現的根基。因此，他被尊稱爲「宇宙無上

①聲聞：字義為「聽聞者」，聽聞佛法並依法修持者。

緣覺（辟支佛）：字義為「自為佛者」，終生在道上精進而未有上師指導者。

此二者與阿羅漢，意指「殺賊者」——即消滅煩惱敵障者——皆屬小乘僧衆，其目的皆為自求解脫。菩薩則發願救度輪迴中一切衆生，因為利他、勇敢的發心，使菩薩歷經大乘十地，終證得圓滿究竟之佛果。

聖王」，意指他不僅是世間所謂的君王，更是佛法之王、悲智（悲心與智慧）之尊，完全脫離輪迴三界①，永遠超越生、老、病、死。爲了滿足衆生所有的需求，他化身無數，從國君到平民、動物。他示現圓滿的解脫來利益一切衆生。

這是一開始即以大虔誠心向觀世音菩薩頂禮的原因。接著是更擴大的頂禮：

1.

若汝聖名甘露點滴耳，
生生世世必得聞法音，
盈滿稀有殊勝三寶名，
祈願吉祥安樂普遍布！

在此將頂禮的範圍擴展至佛、法、僧三寶。三寶之名說起來極容易，卻擁有加持一切有情的無限力量，將其自輪迴中救拔出來。這些名字猶如天界的無死瓊漿——甘露（amṛita），一滴便足以慰解輪迴的劇苦。僅是聽聞三寶之名，便種下了解脫的種子，來生必降生在有佛法傳布的地方，能夠踏上成佛之道。

我們應視佛爲老師，法爲道路，僧是道上的友伴。

①輪迴三界：欲界、色界、無色界。此乃輪迴中三種主要生存狀態：
1）欲界：由地獄、餓鬼、畜生、人、阿修羅、天組成，皆具強烈煩惱。
2）色界：由較高的天神組成，因前世福報或禪定修持而得生此界。
3）無色界：由天神所成，但不同於色界之天神，其無形色；依三摩地（禪定）之別而有四天。
雖然上二界的壽命從人類的標準看來極為長壽，也沒有欲界所見的煩惱，但仍受到無明的擺布，因他們尚未去除有「我」的謬誤。即使其粗重煩惱暫被壓抑，但煩惱習氣還未能以無我觀根除，所以色界、無色界的天神仍會再度墮入下三道的劇苦中。唯有證悟空性、徹底遣除煩惱後，才能明心見性而從輪迴中解脫。

在勝義諦，即法身的層面上，佛心如虛空般遍知，如實了知每件事。在報身的層面上，佛語超越了生死，持續不斷地傳法；在化身的層面上，爲了讓我們這樣的凡夫能理解佛法，佛身化現爲釋迦牟尼佛，也就是賢劫出世千佛中的第四佛。

釋迦牟尼佛誕生在印度，是釋迦族淨飯王和摩耶王后所生的悉達多太子。年輕時，他享盡王室生活的一切歡愉，後來毅然拋棄俗務，奉行六年的禁欲苦行。最後他連苦修也屏棄了，在菩提樹下的金剛座（Vajrāsana）[①]證得究竟的證悟。爲了利益衆生弘法四十年，最後當衆生的福報已盡，他示現大寂靜的無餘涅槃（parinirvāṇa）[②]。

佛陀以其全知力，看出教導對象中各種不同的習性和傾向。爲了讓每個衆生都有達到證悟的方法，他開演了八萬四千種法門。這些教授——法，就是第二珍寶。

佛陀三個時期的教授被稱爲三轉法輪。初轉法輪在鹿野苑（Vārāṇasī），教導小乘、大乘共通的四聖諦。二轉法輪在靈鷲山（Rājagṛiha），闡明大乘的勝義諦法教——即離於一切相並超越所有概念的眞理。這些教授皆涵攝在《般若波羅蜜多經》（*Prajñapāramiīa Sūtra*）的十萬偈頌中。三轉法輪發生在幾個不同的時間和地點，主要傳授金剛乘的究竟法教。

①金剛座：印度的「金剛座」，在今日比哈爾省（Bihar）的菩提迦耶（Bodh-Gaya）。

②涅槃：佛為了教化眾生、尤其為彰顯無常而示寂。依密咒乘所說，佛或成就上師的肉身雖滅，其心卻融入遍布之法身中，故其加持更勝以往。

佛法包含了教法（Dharma of Transmission）及證法（Dharma of Realization）。教法是經、律、論三藏中佛陀所說的話語；證法是對法教的實證，透過戒、定、慧的修習而來。

第三寶是僧伽（Saṅgha），藏文的音譯是根敦（Gendun），意指「善德的群體」。傳統上，菩薩是大乘的僧伽，聲聞、緣覺是小乘的僧伽。但一般而言，所有聽聞佛法、思惟佛法及修行佛法的人就是僧伽。

三寶是無上皈依處，是所有佛法修持的基礎。頂禮三寶亦即同時頂禮了一切上師、佛和菩薩。

作者著偈之發心

巴楚仁波切視三寶爲最尊貴的導師，他的心浸潤在佛法中而過著圓滿清淨的生活，因此他的教授是全然純淨與信實的，寫作此偈頌乃發自一片悲心，沒有任何的自傲和驕慢。他很謙遜地說：

2.

彷佛入秋時節之柿果，

若干內猶青澀外似熟，

吾貌佛法行者狀如是，
心法不一斯法難高妙。

當夏季入秋時，柿子各有不同的成熟階段。有些柿子看似成熟了，但內部仍然青澀。這就好比有些人擺出一副佛法修行典範的模樣，內心卻充滿染污的想法，滿腦子都在想著如何累積財富、舉行村莊的大法會以沽名釣譽。

反之，有些柿子看似青嫩，內裡卻已經成熟。這就像有些人雖然表現得像無知卑下的乞丐，卻已完全脫離輪迴俗慮，具足信心，達到眞正的禪修體驗和了悟。

另一些柿子不論外、內都青澀不成熟，就像那些未曾進入佛法的人，對佛法一竅不通，也毫無信心可言。

最後，有些柿子外觀和內部都已成熟。他們如同偉大的菩薩，內在充滿智慧和慈悲，外在則示現無盡的利生行爲。事實上，巴楚仁波切無疑就是這些完美的菩薩之一。蔣揚・欽哲・旺波①曾如此頌揚他：

敬祈無畏法王吉美・秋吉・旺波尊②；
外相乃寂天菩薩，
內相爲大成就者夏瓦雷巴（Shavaripa）①，

①蔣揚欽哲旺波：持明吉美林巴的語化身（譯注：蔣揚欽哲旺波應是吉美林巴尊者的身化身，其語化身為巴楚仁波切，意化身為多欽哲仁波切），與巴楚仁波切同時期，是當時最偉大的上師之一。他曾遍遊西藏十三年，以便受持許多迄今未斷但瀕臨消逝之傳承的珍貴教法。他也在禪定中由過去各大師授法而延續了許多早已失傳的傳承。法王欽哲旺波將這些法教和其他重要法教整理成《五大伏藏》(The Five Great Treasures)。他有五個主要化身，包括蔣揚・欽哲・卻吉・羅卓（1893-1959）和頂果・欽哲法王，他們利生弘法的事業遍滿、永不止息。

②鄔金・吉美・秋吉・旺波：巴楚仁波切的名字。

①夏瓦雷巴：印度大成就者之一，曾化身為獵人。

②苦自解脫（sdug-bsngal rang-grol）：觀世音菩薩名號之一。

究竟本性即苦自解脫（Spontaneous Liberation of Suffering）②。

這絕非只是表面的稱讚。如巴楚仁波切的生平故事所顯示的，任何他所想、所說或所做，完全符合佛法。正因如此，才讓他有這般謙讓的說辭。

任何想教授佛法的人，必先使佛法成爲他生命的主體；若只是複述教法是無益的，就像一個耳聾的音樂家演奏樂曲，不管曲調多美，自己都無法聽聞。領受教法時，我們的動機應該是眞誠發願，願自身能如法實修；如果我們只想嘗試學得一些東西，以便教導他人，就像乞丐演奏音樂是爲了牟利，以這種心態去接受教法，於己於人都毫無意義。同樣地，爲了自己的名聲和地位而蒐集佛法知識，也是錯誤的。如俗諺所說：「知識愈多，驕慢愈大；離家鄉愈遠，離誠實愈遠。」在我們內蘊的煩惱尚未調伏之前，又如何去利他呢？這就像身無分文的乞丐高談要餵飽整座村莊，只不過是個笑話而已。爲了確保別人眞正的福祉，我們必先使自己完善，直到一如巴楚仁波切般。他謙稱自己對佛法毫無了悟，整個人卻飽含了佛法的要義。

3.

如是因汝善士勤勸請，
不忍殷殷之故坦言道。
於此末法時期非常理，
心無諂曲敬獻此密意。

如果你指出某人的錯誤，即便他是你的子女或學生，也會很生氣。如果你奉承他，即使稱讚的是他沒有的特質，他也會很開心。如同諺語所說：「縱使雷聲大作，終究只是噪音。」如果人們老是贊同、諂媚我們，我們會覺得很舒服沒錯，但對培養修行者的特質卻毫無幫助。眞正最能幫助我們的，是要能指出我們的過失，指示正確的對治方法。黃金經過不斷地錘煉，才愈見精純。同樣地，不斷認清自己的過錯，並運用上師的教示，才能將自己的負面品性轉趨解脫道上。

當一個惹麻煩的人被揪出來以後，整座村子才會恢復寧靜；相同地，當一位眞正慈悲的老師揭露我們的過失，使我們了知並杜絕這些過患後，祥和才會回到我們身上。在此，巴楚仁波切一如在其名著《普賢上師言教》（*Kunzang La-me Shelung*）[1]中坦言不諱般，直搗我們各種過患的核心，以便引領我們走上正確之路。但他只闡述佛法的精義，因爲我們不需要知道太多細節。我們眞

①《普賢上師言教》：巴楚仁波切之名著，以其著稱之生動風格和豐富多彩的軼事，來闡述共通的佛法修持和不共的龍欽心髓前行法。此書英譯版為《我完美上師之言》（*The Words of My Perfect Teacher*）。

正需要的，是邁向成佛的心法。

在這些偈頌中，巴楚仁波切表示，雖然他沒有任何偉大的證悟，但若至少能鼓舞我們下定決心脫離輪迴，激起慈悲心，也就不枉撰寫此偈了。

第一篇
末法時期的過患

頂禮三寶之後，巴楚仁波切開始正文的第一部分：

4.

大覺金仙能仁天神師，
依真實道得證真實果，
勝妙正道明示予眾生。
是故稱名大覺金仙歟？

在古印度，仙人（ṛiṣhis）是指蓄著長髮、退隱山林的苦修者，他們接受任何能得到的布施來維生，始終遠離家庭生活、買賣、耕種和其他世俗活動。他們被稱爲仙人，在藏文中稱做「昌頌」（trangsong），意指「正直」或「眞實」。因爲他們的行爲正直眞實，值得人們尊敬和推崇。

這些仙人有的是佛教徒，有些不是，其成就和證悟的程度也有極大的不同。有些人透過專注和禪定而得到各種神通，有的壽命長達一劫[1]，有的具有天眼通，有的能飛行或輕易騰空。但即便是有如此成就的仙人，仍未斷除煩惱的根源，所以依然有驕傲的弱點，會執著於他人的稱讚和賞識。另一方面，佛陀——無與倫比的釋迦族王子，在他證得菩提心的當刻，已全然拔除了我執的

①劫：和宇宙生命循環相應的一大時間週期，包括成、住、壞及其後的空檔。

深根。他是如何做到的呢？這是因為他純粹是為了利益他人而尋求證悟，故被尊稱為大覺金仙（the True Ṛiṣhi）。

當一千零二尊佛為利益眾生而發願時，釋迦牟尼佛誓願幫助我們這些末法時期的眾生。儘管這是五濁惡世①，他並無懼於眾生心智被粗重煩惱障蔽和強烈業風擺布，以致粗蠻難馴的事實。正因如許崇高的願力，在賢劫千佛中，釋迦牟尼佛彷如一朵燦亮的白蓮。

①五濁惡世：
1）命濁——壽命減少。
2）劫濁——環境惡化。
3）見濁——眾生見的毀壞。
4）眾生濁——才能退失。
5）煩惱濁——煩惱障增多。
第五偈之注解有更進一步的說明。

當菩提心自佛陀心底生起的那一瞬間，他就捨棄了所有自私的念頭，只為他人的福祉著想。他在三大劫及數百次的轉世裡不斷累積善業，以堅定的決心和無盡才智，竭盡所能地幫助眾生。例如，有一世他曾是一位年輕的王子，走在森林遇見一隻非常饑餓、虛弱得無法餵哺幼虎的母虎。出於大悲，他將自己的肉布施給母虎，但老虎連吃的力氣都沒有。於是他切下手腕，用自己的血來滋養老虎；等到老虎恢復元氣，再用整個身體餵哺牠。

釋迦牟尼佛因無比的悲心和堅毅的精進力，終於證得圓滿佛果。他循著真理之路直達盡頭，徹底斷除了我執。為了利益眾生，釋尊就像一方旭日普照著寰宇。

他所做的一切都只是為了利他，透過其圓滿示現和無瑕教授，使我們現今有機會將自己的心性與正法相融合，以證得佛果。藉著正確的發心，並依循正道，我們可以獲致眞實的成果；就像佛陀一樣，不再自欺欺人。因爲佛陀爲眞實者，所言皆是如實眞理。對那些有過失的人，他直指其錯誤；對那些發願終生奉獻佛法者，他說：「離家而出家，穿上三僧衣，將自身融入聞、思、修中。」對在家衆，他解釋如何戒除十惡業[①]和長養十善業。用這些方法，他讓不同根器的人都能遵行正道過活，並如理修持佛法。

①十惡業：三身惡（殺、盜、淫）；四語惡（妄語、綺語、兩舌、惡口）；三意惡（貪、瞋、癡）。和十善業相反。

佛陀的追隨者——不論是博學的聖者、有成就的禪定者或像我們一樣的普通人——都應好好追隨其道路。即使在塵世中，人們也同樣尊敬心性、行爲正直無欺的人，不誠實的人是不受任何人信賴的。

我們應該祈求上師清楚指出我們的錯誤和缺點。當他這樣做時，我們必須心存感激地接受其指正，藉此去除己過。以下巴楚仁波切的開示，來自釋迦牟尼佛法教的直接傳承，也是佛陀的法語：

5.

嗟呼末法時期諸眾生，

真性情義衰墮行諂誑，

是故心思乖違語歪邪，
狡詐欺人何者能信任？

在完美的黃金時期不需要陽光或月光，因爲衆生自身就會放光。他們可以在空中來去自如，無需任何固體食物維生，一切衆生自然依止十善業。但隨著時光流逝，他們開始互相傷害、被私欲控制、偷竊、說謊。他們失去自身的光芒，而必須仰仗太陽和月亮的照明；他們失去飛行能力；開始需要固體食物的滋養。最後當自生稻和滿欲牛①消失後，他們就必須辛勤工作來生產食物。在今日這個時代，所有黃金時期的功德只剩下渣滓，如同豪華盛宴後令人胃口盡失的殘羹剩飯。任何有智慧眼的人見到末法時期人們的悲慘境況，都不禁深感悲憫。

①自生稻和滿欲牛：在黃金時期剛開始衰敗時，衆生用之不竭的滋養品。那時雖需要固體食物，但還不需被迫辛勞生產。在供曼達的象徵性宇宙系統中，自生稻和北俱盧洲有關，滿欲牛則和西牛賀洲有關。

在這個爭鬥的時代，人們心懷惡意，極爲狡詐。大家都把自己擺在第一，不顧他人的需求。凡是奉承者就是朋友，違逆或反對者就是敵人。這些心態漸漸扭曲了他們的行爲、言語和思想，變得愈來愈偏頗扭曲，如同盤根錯節的老樹，直到心智墮落到完全喪失是非觀念。

我們正處在由憤怒、渴愛、野心、愚癡、驕傲和嫉妒所控制的時代；是佛法的太陽沈落西山、多數偉大上師前往其他世界、修行者的修持墮入歧途、在家眾和出家眾皆不依法而行的時代。人們可能從這個時代誤導的價值觀中，得到一些短暫的利益，但最終騙不了別人，只是欺騙了自己。

在此黑暗時代，人們心中充斥的有毒煩惱，是導致其在無盡輪迴中徘徊流轉的主因。要對治這些煩惱，我們必須不斷保持警醒，如噶當派大師常說的：

吾握正念長矛立心門，
若當無明煩惱進逼時，
吾亦同樣無懈威嚇汝；
唯汝鬆怠吾矛方歇止。

6.

嗚呼見此末法眾生惑！
唉哉孰人之語孰人信？
猶如置身食人惡魔洲，
思惟自行惠己一大恩。

如果你發現自己置身在食人魔的土地上，很難放輕鬆，心知不論他們佯裝得何等禮貌友善，很可能會隨時攻擊你，把你吃掉。同樣地，儘管一般人看似和善，但假若你聽從他們的勸告，勢必惹上麻煩。若你試著給他們忠告，也只會引來麻煩。更明智的做法，就是只專注在自己的缺點上。不論缺點多寡，它們不會永遠存在，你總是有可能轉化它們。用信心和慈愛來替換惡念；用祈求來取代閒聊；用禮拜、經行繞塔來代替無意義的活動，就是在幫自己的忙。受持別解脫戒。禮敬上師，精進地聞、思、修，致力改善過失，就是幫自己一個難以估算的大忙。就像用一滴黃金能使整幅畫改觀，實踐法教也能完全轉化你的心性。

這種幫自己的忙，並不表示自私。它意味著與其讓自己深陷於以愛、憎無明爲根基的輪迴中，使自己與他人的痛苦永存，不如愼思如何才是善用此生的最佳途徑。菩薩的眞正目標是幫助衆生從輪迴中解脫，但要這麼做，必先自我救度才行；而要將自己從輪迴中解脫出來，就必須先清楚了知輪迴的過患。正如所謂的：

積集皆銷散，
崇高必墮落，
合會終別離，
有命咸歸死。

如同一堆燃煤、一窩毒蛇、一城惡魔，俗世生活無可避免地會帶來龐大的痛苦。設想你身上有三百六十個洞，每個洞裡都有一個點燃的燈芯，你所感受到的可怕痛楚，與地獄道中僅僅一絲火花所引起難以想像的巨苦相比，根本微不足道。不管我們現在經歷了何種痛苦，都應該用它來喚醒悲心和愛心，以清除惡行與無明，並驅策我們在解脫道上繼續邁進。我們必須了解輪迴的本質，並了知唯一的對治法就是修學佛法。

7.

昔前吾之心識獨漂流，
隨業流轉為此受今生，
旋如自酥油中拔髮般，
棄諸所有孤零一人行。

小心！一個強大的敵人步步逼近了。那不是普通的敵人，而是無法被征服的敵人：死亡。不論我們如何滔滔雄辯或苦苦哀求，都不能說服死亡延緩幾年，甚至連一秒鐘也不行。即使是統領世上所有軍隊的最強悍的戰士，也動不了死亡一根汗毛。死亡不可能被巨額財富賄賂，也不會爲銷魂美色所動。

你或許會想，最好花上十年時間試著在世界上找個地方，然後再花十年來修行佛法。但有誰能確定他可以再多活二十年？誰又能說他一定可以看見明天的日出？甚至誰能保證他會再吸下一口氣？當你在山上閉關生火時，不妨想想：「不知道明天是否能再這樣生火？」有些人在睡眠中死去，有些人在走路時死去，有些人在吃東西時死去，有些人死於戰爭，有些人英年早逝，有些人得享天年。生命的任何情境都可能造成死亡。百年之後，如今在世的又有幾人還活著呢？

我們獨自出生，也將獨自死去。即使如此孤單，也仍有影子相隨；在死後的孤獨裡，我們的心識仍有過去善、惡行爲的影子隨行。到了進入介於死亡與下次投生之間的中陰時才開始修行佛法，就太遲了。如果我們已經做好準備，對自己的修行有信心，而且知道如何前往淨土，死亡之時就不會痛苦。

今天你好好活著，住在一個可以自由修行佛法的地方，沒有人禁止你的信仰，或不准你念誦觀世音菩薩的六字大明咒，因此現在正是爲死亡做準備的時候。通常我們總是擔憂未來，用盡心力去確保未來不會窮困或缺衣缺食。但在未來的所有事情中，死亡難道不是最關鍵的嗎？因爲害怕被暗殺，國王和總統有重重警衛保護，但對於能隨時進出且無人能擋的最致命殺手，我們又該怎麼辦？

我們來到這個世界時，沒有丈夫、妻子、朋友或同伴。現在我們有許多朋友舊識，可能也有很多敵人，但一旦死亡來臨，我們就會拋下他們，像從一大塊奶油中拔出的一根頭髮般光溜。朋友或親眷都束手無策；我們毫無選擇，只能獨自面對死亡。我們的肉身原本連一個針刺或一絲火花的痛苦都難以承受，如今卻要經歷死亡；我們的肉身被如此珍愛著，卻將變成親友亟欲儘早處理掉的屍體。

在中陰時，我們將赤裸裸、飽受驚嚇地帶著過去行爲的重負孤獨躑躅，不知何去何從。在眼前，我們將面對深不可測的黑暗；在身後，有強烈的紅色業風掃襲；在四周，有死神閻羅①的使者圍繞吼叫著：「抓住他，殺掉他！」在那時，如果我們能憶念上師，即使只有一剎那，中陰恐怖的歷程都將消失，我們將投生清淨淨土，最起碼也可再獲人身。但如果我們的心背負著惡行的重擔，無法運用任何曾學過的法教，那麼投生善道的希望將全然破滅，如同從須彌山頂落下的一塊石頭，將無助地直墮三惡道。我們在這一生中，連最輕微的痛楚都難

①死神閻羅：死亡之主，因果律的擬人化，能依眾生所作而決定其去處。

以承受，卻將陷入永無止境的折磨中。

有權勢的人可能用強奪得到財富；敗德的人可能藉由強課重稅或剝削他人而致富。這些財富、權力和影響力，以及此生所獲得的任何短暫滿足，都將被棄諸身後；而為達到這些目的所犯下的惡行果報將持續下去，招致未來的悲慘境況。臨命終時，只有善、惡的業果隨行，也唯有佛法能保護我們。如果我們現在忽視佛法，深陷在日常生活狹隘的俗務中，必然會被煩惱牽著鼻子走，不斷累積業債。沒有了佛法，我們將徹底無助。與其專務俗事，我們難道不該在此刻就儘可能地修行嗎？

這是你人生中最重要的任務，不該猶豫不決。如果你想等以後有更多閒暇、年紀大些或找到更適合的地方再來修行，那麼你可能永遠都不會開始修行。如同帕當巴．桑傑（Padampa Sangye）所說的：

> 俟汝不再忙碌時，
> 永無修持佛法日；
> 值此當汝所思及，
> 聽瑞（Tingri）老鄉，速行之！

因此在臨死之前，利用尚餘的時日做些真正有益的事。如以下偈頌所言，我們必須將心轉向佛法：

8.

自心對己不善絕不為，

自意對己不真絕不可：

自利不修佛法之心要，

自命豈非自故毀壞歟？

沒有人會對自己心懷惡意。人們從不會想，若是自己生病有多好，也不會期盼自己殘廢、窮困或被搶劫；他們所想的是，他們多麼渴望快樂，若是富有又安逸的話有多開心。但這些想法從何而來？它們來自於有個「我」的信念。因爲這根深柢固的信念，使我們自始就只顧自己的快樂。在這種心態下，我們永遠不會滿足。即使被加冕爲寰宇之王，我們仍然希求更多的權力、財富和欲樂。

同樣情況也發生在我們對親近的丈夫、妻子、孩子和朋友的感受上。因爲我們愛他們，看重他們遠勝於其他人，如果有人稱讚或幫助他們，我們就會感到特別高興。但這並非眞正的愛，而是基於「他們是屬於我們的」想法。

雖然我們如此珍愛自己，但壓根卻不知如何尋求眞正的幸福。我們就像瘋子般對待自己，在名利中尋找快樂，無視於死亡將把它們全部帶走的事實。在跨入死亡的門檻時，我們辛苦掙來的一切，甚至連一樣都帶不走。所有殫精竭慮的努力，最多只換得短暫的歡樂——如此巨大努力所得的一丁點成果。

唯一能獲得眞正且持久幸福的可靠方法，即是單純地從內心深處向上師祈求，並如法修行。透過因果的自然法則和三寶的加持，我們將在所有的來世中降生佛法興盛之地，永遠得遇善知識，並持續不斷向證悟成佛邁進——如此一丁點努力所得的巨大成果。

另一方面，如果我們認爲修持與行善了無意義，認爲做錯事無害；如果我們認爲此生最重要的事就是盡情享樂，那麼我們一定會投生三惡道或連「佛法」這個字都不曾聽聞過的地方。

一般世俗的想法使我們相信，關照我們親近的人、試著征服不喜歡的人是最值得讚賞的事。但這是錯的。如果你眞的希望在這一生中做點有價值的事，就把自己奉獻給佛法。

在修行道上的第一階段，先將精力與決心放在自修上，而不要草率地去幫助他人，這點很重要。目前，我們離根除我執還差得很遠；在我們尚未調伏自心之前，試著利他是很荒謬的。這也是為什麼法教說：「證悟為一己，慈悲為他人。」經由見、修、行的修持，我們可以去除我執和煩惱，變得真正有能力去幫助他人。當我們用適切的戒律來調伏狂野的心時，所有的缺點會漸漸消失，菩薩的一切德行自會展現。如同龍樹菩薩（Nāgārjuna）所說的：

若彼行徑粗莽者，
轉得細心與專注，
美若皎月出雲端。

不論我執何等頑強，要從中解脫並開展出慈悲心，都是有可能的。

受持任何一種別解脫戒（prātimokṣha vows）[1]，是為修心提供一個穩固基礎。透過律藏的清淨戒律，我們培養出分辨修行道上何者應為、何者不應為的能力。此時我們要精通全部廣大的佛法是很困難的，但若能找到一位具德上師，以正確的方法承事親近他，接受其見、修、行上的法教，並照著實修，必將證得佛法精義。

如果你對上師有全然的信心，他的所有功德也將在

①別解脫戒：根據律藏有八種在家與出家戒，能免於墮入下三道，並邁向成佛之道。

你身上穩定地開展，如同生長在香山（Malaya Mountains）檀香樹林裡的林木，經過多年檀香樹葉散發的香氣浸薰，結果就帶有檀木的芳香。然而，如果你不去找尋眞正的善知識，而去依靠身心混亂的朋友，他們只會教你造作更多惡業，你將像一束掉落陰溝的吉祥草[①]，難以潔淨。這是爲什麼說：

先是審愼尋上師；
爾後審愼善承事；
最終審愼修法教。
依此三審愼行者，
解脫道上進無誤。

在此末法時期，因爲人們智力有限、缺乏決心，所以需要以精要的形式來修習佛法。視上師與觀世音菩薩無二無別的虔誠心，配合六字大明咒持誦的修法，正符合此精簡的需求。六字大明咒非常容易念誦，也濃縮了所有佛教經典的要義。它是觀世音菩薩的心要，所帶來的加持是無盡的。如果你把它當做主要的修持，那麼人、天人、甚至傷人的鬼神，都會善加對待你，你將長壽而無病無殃。在下一世，你會投生普陀山的極樂淨

①吉祥草：輕細成縷的草。佛陀證悟時，坐在由吉祥草編成的座墊上，故具有特殊的象徵意義而常用於許多佛教儀式中。

土，或至少生在佛法盛行之地。這是因爲觀世音菩薩的心咒含有諸佛無盡的加持與慈悲。

決心是任何努力得以成功的關鍵。如果你決心致富，即使剛開始只有一點小錢，終能成爲百萬富翁。如果你決心讀書，假以時日你會變成博學者。如果你決心禪修，最後你將找到一條使自己全然自由而得以修持佛法的道路。這端賴於你是否選擇了正確的目標。藉由佛法的修行，就像一個所向無敵的國王征服了宿敵，你將一勞永逸地征服曾在無數累世中不斷折磨你的我執。

9.

末法所生思行極卑劣。
無能利吾諂誑且欺惑；
於焉吾亦難成利他行；
止卻無謂競逐不好耶？

在這個時代，即使是自己的父母，也不能依靠他們來指引我們如何依循佛法生活。家人和朋友認爲值得去做的事——即使是出於最好的動機——最多也只是積聚財富、擊敗對手、保護自身利益而已。他們一直在追求這些價值，他們的念頭是一條愛憎相續之流。他們老是想著父母病得有多重，子女多麼不知感恩，房子多麼需要修繕等等。如果我們的心不斷繞著這些念頭打轉，我們早已失去對佛法的奉行。當然在常理上，我們應該關心父母親人，盡力給予幫助，但重要的是使我們的身、語、意合乎善行，並盡量努力修持佛法。

遇到令人愉悅的經驗時，即使如品嘗一口美食這般小事，我們也只想留給自己，甚少願意讓別人取代自己來享用。事實上，這種自私的欲望毫無意義，不僅使別人痛苦，長久以往也會帶給自己痛苦。只想到自己，就是背棄了菩薩的六度萬行。依止一位善知識，放棄對財富、食物、衣服和友伴的一切自私迷戀，不是比較好嗎？

如果你跟隨末法時期大多數人的樣子，結果就只是像他們一樣成了欺騙專家。你會浪費生命在追逐得不到的事物上。你會像忙於玩耍而忘了饑寒的孩童般，不知是日將盡，直到天黑才突然想起媽媽而開始哭號。如果你眞正想要幫助衆生，必先使自己完善。如果你擬定許多野心大計，要做生意、招攬信徒、自抬身價宛若上師，你將如蜘蛛般自陷網中。耗盡一生去織結這般的蛛網，你將難以察覺光陰正在飛逝，直到突然恍知死期已至。你將竭盡所有精力、歷盡各種險阻，但這些險阻並不像精神修行的試煉，絲毫無助於自我的提升。

尊貴的噶當派上師常用極謙卑的方式來修行，全然不顧舒適逸樂。我們的本師釋迦牟尼佛拋棄了王宮的享樂，苦行六年之久。既然我們是他的追隨者，難道不該拋開俗務，忘卻親朋好友的無盡紛擾，全心全意追循一位眞實上師的教導嗎？

在輪迴中打滾到底有何好處？輪迴中的諸事不斷遽變，百萬富翁變乞丐，乞丐變百萬富翁。不論發生什麼事，人們永遠不會滿足——如果賺到一百萬，就想賺兩百萬，如果賺了兩百萬，就想賺三百萬。如此你怎麼會滿足？只有一件事你應該永遠感到不足，那就是你的修法。要像一隻饑餓的犛牛吃草一般，永遠凝視前方，看那裡可以找到更多青草。照此方式修行，就不會失望。

假若在一生中，每件東西你都想得到的話，就永遠不會有夠用的時間。俗話說：「所有計畫如同兒戲。若我們眞要付諸實行，永遠也完成不了；但如果我們撒手不管，它們霎時都結束了！」

10.

承侍上者難令其悅意；

養護下者難令其滿意；

悲憫顧他他人不顧念；
思惟此理下定堅決心。

不管你做什麼，都無法滿足每個人。這世上有權勢的人和普通人沒什麼兩樣——不論你多麼努力嘗試去取悅、服侍他們，他們都不會心存感激。他們甚至很容易被一些小差錯激怒而處罰你、鞭打你或把你關進牢裡。而那些依靠你的人，不論你多麼照顧他們，也無法永遠讓他們滿意。不論朋友的動機是如何良善，在大多數的情況下，如果你依循他們的建議，只會在輪迴之網中愈陷愈深。征服仇敵和照料親人是永無止境的，全是在浪費時間。在利他之前先要使自己完善，而要使自己完善則必先切斷以下三種繫縛：服從權貴，無濟於事地助人，以及人云亦云。

試圖取悅權貴，只會引起情緒騷動。試圖用此生的俗事去幫助他人，只是替輪迴火上加油。不論這些方法能帶來多少滿足，充其量都只是暫時的；對死亡一點幫助也沒有。事實上，這些是對慈悲的誤解。真正的慈悲是將眾生安頓在無死的、極樂的圓滿佛果上。

深陷輪迴中，你應當覺得自己像個被關在地牢裡的囚犯，一心只想著如何脫逃。了知日常俗務的無謂，就像噶當派大師常說的：

安汝心於法，
安汝法於簡，
安簡於念死，
安死於僻穴。

安住在偏遠的地方閉關，遠離紛擾，是確保你會眞正修行佛法的最佳方式。

難道我們不應把這些謹記在心，並且努力使自己完美嗎？那是朝向眞正利他的第一步。

11.

博學不圓教義增爭辯，
修持不為利他多詆毀，
上位不理政事圖謀亂，
思惟今世如斯悲厭離。

雖然偉大、證量高深的上師的確出現在此末法時期的迷惘人群中，但他們就像水銀洩地般沒入塵土。他們雖精通五明[1]，並廣爲弘法，但多數人不是以邪見妄加批

[1] 五明：聲明、因明、工巧明、醫方明和內明。

評，就是對佛法興趣缺缺。即使有少數人眞正聽聞，但一、兩天後就覺得乏味，不能了解受持這樣的法教是如何地珍貴稀有。

如果有人接受了法教卻不實修，他們可能得到淺薄的知識，這只會增長其傲慢心。他們可能展現出某種程度的持戒，但這只會助長他們對自身德行的迷戀。他們可能獲得高位，但這只會滋生貪念、濫權和反抗之心。這樣的徒弟不比普通人好；他們既未奉行佛法，也未能利益他人。

在過去，具德上師會無誤地詳述法教，進行經辯以釐清任何法義上的偏差，並撰寫釋論以說明其涵義。這三種佛行事業就像煉金的不同步驟，可以保存及弘揚法教，引導人們眞正地修行，臻至證悟。但今日，這些佛行事業卻引導各個傳承到達驕慢與嫉妒的頂峰，使他們熱中於競爭、批評和敵對，破犯三昧耶（samaya）[①]而毒害了眞正實修的祥和氛圍。

即使像蓮師和無垢友尊者[②]這樣的完全證悟者，具有示現奇蹟的力量並證得五神通[③]，有能力帶領那些僅是見、聽或憶念他們的人走上解脫道，但還是有一些人吹毛求疵，懷疑他們成就的眞實性並想著：「這都是謊言和魔法師的伎倆。」

①三昧耶：密咒乘的誓約與戒律，使上師與弟子、教徒與修法之間所有重要關聯得以確立。

②蓮師：偉大的蓮花生大士。他與班智達毘瑪拉密札（無垢友尊者）是兩位印度大師暨密乘成就者，西元八世紀時由赤松德贊王迎請至西藏，奠定了西藏的佛教傳統。其非凡的秉賦和力量來自對密乘的精通，也證明了在佛法弘傳過程中克服阻逆和障礙的無可避免，而這些障礙連當時最優秀的顯教大師也無法袪除。

③五神通：神足通、天眼通、天耳通、他心通、宿命通。

在此末法時期，弟子有這般歪曲的行徑，只會造成三昧耶的破損。爲此，大成就者可能無法完全利益他人，而佛法的弘傳與興盛也會受阻。

即便是那些以仁智治理邦國的人，仍遭到群起反對，甚至還被謀害。如俗話所說：「權位愈高，痛苦愈大。」

爲什麼連高度證悟者要利他時，也如此困難？下一個偈頌會加以解釋。

12.

宣說真義不取做他解；
真心利他善意遭妄解，
今日邪諂視正如邪諂，
於焉無能利他斷希冀。

在今日，當你要解說佛法時，人們會說：「眞是個傻瓜！他是知道一點佛法，但對世俗生活卻一竅不通。」如果你解釋要如何獲致眞正的幸福、如何避免投生三惡道，人們根本就不相信。因爲他們的猜忌和偏見會曲解你所說的每件事。在亮晃晃的大白天，當一群矇著眼的人都同意是黑夜時，問題必定出在他們錯誤的認知上。

今日人們普遍的心態阻絕了自身俱生的明智。

如果你以最純淨的動機給予人們殷實的忠告，他們會以為你不過是用較聰明的手法來利用他們罷了。如果你告訴人們要修行佛法，他們會想：「這會斷送了我的工作和家庭生活，最後我將一無所有！」他們甚至不能理解你是在試著幫助他們。如果你教得很多，人們只會說：「噢！他眞是能言善道，不是嗎？」卻不會思索你話語的眞正涵義。他們不能察覺何者就長遠來說對他們最好，以為你是在傷害他們。他們扭曲地就像歪斜的老樹，心中所認知的任何事物也都是扭曲變形的。

在過去的黃金時期，當父母提出忠告時，子女就會照做。現今的情形就不同了，所以最好保持緘默。很少有人試著把上師的教導付諸實修。大部分的人都忙著賺錢，把工作做好，努力獲致高位。受到這些目標的誘引，人們被執著和惡毒的野心層層包裹。為了躋身前茅，他們欺騙別人，只考慮自己自私的意圖。如此邪諂之人又要如何互助呢？

如果你仔細檢視這些令人悲哀的狀況，就會很清楚輪迴裡所有狂亂的作為是多麼空洞和了無意義。你會益發確定，唯一值得追求的就是專注於精神的修持。如同密勒日巴尊者（Jetsun Milarepa）斬斷所有世俗的羈絆，專心一意在人跡罕至之處閉關，修行佛法。追隨如此的榜樣，難道不是最好的嗎？如果你也這麼做，你所獲得的，將是任何人都拿不走的東西。

我們該如何修行佛法？偉大的噶當派上師認爲，最珍貴的法教便是空性與慈悲不二。藉由一次又一次地培養四無量心：慈悲喜捨，利他的能力會毫不費力地生起。這些大師以堅持如法的修持而聞名。他們自我訓練的方式，是先仔細研讀佛法，然後以禪修來直接體驗。這是在解脫道上向前邁進的正確方法，能夠達到究竟佛果的無上勝樂。

尊貴的班智達阿底峽（Atīsha）是噶當派傳承的創建者，被尊稱爲「第二佛」，將菩提心與修心的法教帶到雪域西藏。在自身的修持中，他不斷培養至誠的慈悲心。如果我們也像他一樣，以悲憫眾生而發心，我們將建立爲了利他而尋求證悟的堅定願心，也就沒有不能成就之事。如果沒有這樣的願心，我們的悲心只不過是對眞正悲心的慘澹模仿罷了。所謂：「希冀別人快樂，即便對那些想要害我們的人也是如此，就是極樂的根源。」最後當我們到達了這個層次時，對眾生的悲心自會毫不造作地生起。

當佛陀在兜率天（the Tuṣhita heaven）即將成爲此

劫的第四尊佛時，他宣布：他化身在南贍部洲、示現佛陀諸善行的時候到了。衆菩薩和天人都試著勸阻他：現在是黑暗時期，遍地充斥著異端邪說。但佛陀回答，他確信能夠實現利生的誓願。爲何他擁有如此的信心？那是因爲他的悲心無限，且他深知以悲心之力，無事不可成。因此，他吹奏海螺以爲證，其音色之美妙莊嚴，超乎了所有天人合奏的一切樂聲。

爲了開展龐大的悲心，我們必須捨棄世俗的做法，並致力馴服頑固、狂野的心。如果試著把佛法的修行與世俗的追求混在一起，我們的證悟將不完美，如同一塊沾有污點而失去光澤的黃金。與其倉促從事、僅稍稍反映眞正菩薩事業的行爲，不如先努力修心。然後，當我們證悟到空性和慈悲不可分時，便能自在地效法諸佛菩薩的步履。

如果仔細審視支撐你追求世俗目標的一般價值觀，並試著去發掘它們從何而來，你會發現那是因爲無法正確探查事物所致。通常我們是在迷妄的假設下行事，認爲萬物有幾分眞實、具體的實體性。但當你更仔細觀察時，會發現現象界就像一道彩虹，鮮明絢麗，卻沒有任何實質的存在。

我們對現象界本質的迷惑，可依現象的不同種類區分為：物質性、言語性和心理性。關於物質性的迷妄，原頌如是表示：

13.

「觀見萬法如幻」諸佛語，
今日幻化猶勝昔日幻，
狡詐術師施設幻術者，
今是如幻垢行戒慎之。

輪迴與涅槃無盡的現象，就如同魔術的幻影。遍宇宙找不出一個永恆、本俱存在的實體。從未有過一個國王可以永遠保有其王國；從未有過生而不死之人；從未有過不會消散的群體。一切就像齣戲，戲裡演員們搬演著戰爭、情欲和死亡。凡事就像場夢，有時是美夢，有時是惡夢。

在此末法時期，我們已經到達幻象的頂點。人們早已遺忘黃金時期的純淨。他們不管來世，只顧眼前即刻的滿足；他們詭譎而不可靠，把佛法葬送在堆積如山的有害惡行裡。世界和眾生每一刻都在改變方向，就像麥桿隨風搖擺，早上是眞的，到晚上就不眞實。不按時令的雨、雪、冰雹、炎熱和寒冷，擾亂了四時節氣的自然歷程。看到這一切，我們必須了解當好事降臨時不須特別欣喜，因為它可能隨時會變成相反的境況；我們也必須了解，在惡劣環境下也不須過於沮喪，因為相較於三惡道中無數衆生的苦難，我們的困頓實在微不足道。

魔術師從不會被自己的伎倆所騙。當他幻變出馬群、牛群、車乘或任何幻象時，不論有多麼維妙維肖，他都知道它們並不眞的存在。如同魔術師不會被自己創造出來的幻象所愚弄般，一個已經證悟萬法空性的菩薩，認清世間所有的追求都屬虛幻，即使他過著在家居士的生活，也不會受煩惱或我執影響。他了解一般世俗行為空的本質，既不受其誘惑，也不會為之害怕。他既不希求成功，也不懼怕失敗，因為他對自己的聞、思、修具足信心，不論做什麼，都會使他愈來愈接近徹底的解脫。

然而，這樣的了悟如今很少見了。迷妄日積月累，就像滑稽的猴子相互模仿般地激增；這種迷妄深到讓我們難以找到一條全身而退的出路。我們已喪失看清事情眞相的能力，因此要我們不浪費生命是很難的。但就像過去諸佛所說的：「萬法皆是有為法（compounded），凡有為法均無常，無常即苦。」所以我們應認清世俗價值是什麼；放下所有對財富、衣、食的思慮；不再占他人便宜；努力將我們的心與佛法相融合。如果我們能夠捨棄所有忙碌的世間活動，在佛法上的修行便能持續地直趨目標。佛法的修持和種種善行也如夢幻般不眞實，但透過這些如幻的功德，我們將得到如幻的證悟之果。

我們必須以世俗諦和勝義諦這兩種眞理來理解萬物的本質。簡言之，世俗諦就是現象顯現的範疇，由一連串相互依存的因、緣和合所產生。既然一切萬象是以此方式互相連接，在世俗諦的層面就無法避免因果法則的作用：善或惡的行爲必然會產生快樂或痛苦。一旦因緣現前，就不能阻止果報的產生；就像春天土壤裡的種子，若有陽光的煦照和雨水的滋潤，就會長出花和果實。這就是我們應該連最微小細行的潛能，也要一直保持警覺的原因所在；我們也應該明瞭，能夠有機會修持佛法是多麼稀有珍貴。現在我們手邊可能擁有這個機緣，但隨時都有可能因死亡而失去。我們不應該再浪費時間了。不斷思惟無常會激勵我們修行。正如怙主佛陀所說：「一切足跡中，象印爲第一；一切思惟中，念無常第一。」

了知一切事物的無常，即是了悟萬法空性本質的關鍵。這就是勝義諦，唯有那些已全然證悟的人才能明瞭。究竟而言，這兩種眞理無二無別，顯空不二。

關於言語性的迷妄，原頌說道：

14.

「觀見萬語如響」諸佛語，
今日回響猶似空回音，
所言所想不等空談響，
於此詭譎空響厭憎生。

輪迴生活裡的所有言語和態度，不管是可喜或可憎、友善或批判，都只是空谷回音。如果你站在懸崖邊，不論是侮辱或諂媚的喊叫都會回傳給你，又有什麼理由沮喪或得意呢？火、風、水、野獸的叫聲、人類的話語等宇宙的聲音，都沒有任何的實質，它們只是無法抓住的空響罷了。

我們在述說過去的故事、談論現在的情況與商討未來的計畫時，絕大部分都是無意義的愛憎表達。話語來來去去，毫無實據，無跡可循。你可能聽到有人上午被稱讚，下午就被斥責。人們心存惡念時，可能說著甜言蜜語；相反地，當他們心懷善意時，所言可能冷酷無情。如果你將這一切的言語當眞，必定被誤導。所以不要理睬世俗的閒談，改以念誦祈禱文和咒語，並大聲讀誦佛經。

由讚美和批評所產生的快樂和痛苦瞬間即逝。被恭維時，不要驕傲，把讚美當做在夢中或幻想時所聽到的某種東西。告訴自己被讚美的不是「你」，而是那些經由修行所培養的美好德性。事實上，只有那些證得解脫之人，才眞正值得讚美。

被批評時，把它當成一個認識自己潛藏過失的機會，以增長謙卑。誠謂：「責難與惡劣對待，是禪修之花的根源。」它們是你的上師，用以摧毀執著和渴愛。若將惡語和苛責當做修行道上的逆增上緣，將激發修行，使你持戒更加謹嚴。你要如何報答這樣的恩惠呢？

對一個已經明瞭言辭如幻本質的菩薩而言，批評和毀謗只會增進他的禪定修持。無論遇到好的或壞的情境，兩者都會增長他的福德與智慧。他從不會任由煩憂和欲望擺布，因爲他的心安住在無擾的圓滿正見中。他捨棄了所有世俗的價值，卻得到未曾追求的尊崇。

對我們來說，即使一心一意付出所有，企求名聞天下，總還是會遭人詆毀；縱使我們因勇氣、美貌或權力而成名，所獲得的聲名畢竟還是暫時的。

所以當你受到恭維時，想一想這只是因爲你實踐了佛法的教授而已。當你受到批評時，用它來提醒你增長對別人的悲心，捨棄輪迴的行為方式。

15.

所見非是人者是騙徒，
所說非是話語是謊言。
於焉今日無人可信倚，
吾人孑然一身任悠遊。

生活在這個時代，就像困居在食人魔聚集的島上，絕不能放鬆警戒。我們遇到的任何狀況，很容易轉變為悲慘境遇的來源；我們遇到的任何人，也很可能把我們引入歧途。唯有一件事可以確定：只有善知識能給我們有效的建言。這點必須謹記在心。

既然心這麼容易被物質現象的妄念愚弄，又很容易被世俗妄語攪擾，那麼遠離這些到僻靜之處禪修不是比較好嗎？這是開展對眾生慈悲心的最好方式。如果你日復一日如是修行，最後就能以菩薩的無盡悲心來行事。

全心全意修持菩提心，直到明白此生的活動是何等令人受挫和毫無意義，是非常重要的。你會為這黑暗時期眾生的微脆而感傷，並生起強烈出離輪迴的決心。如果這些態度能真正深植於心，大乘佛法的功德與成就一定會應運而生。如果出離輪迴的眞正決心並未根深柢固，那麼你的佛法修行將永遠不能全然展開。

16.

身行正法所行逆眾人；
言說正語所言怒眾人；
善心真誠純淨反遭忌。
是故適己韜光養晦時。

現下讓別人明白我們眞正內涵的時機尙未成熟，也不是給予勸告、期待他們變得更好的時候——那只會激怒他們。此時反而是檢視自身過錯，並對症下工夫的時刻。

我們活在人心錯亂的時代；人們所做或所說，很少跟他們眞正所想一致。人事快速變遷，使我們無法依賴任何人事物。事實上，除了具德上師，沒有人能給我們可信賴的忠告。

在過去，任何人受了出家戒，穿上僧服——佛陀法教的光榮表徵，並正確修持佛法，就會得到大家的贊同、尊敬和支持。現在，如果有人這麼做，人們會以爲他不是在自我炫耀，就是人格不健全，而無法適應這個世界。

如果你以純淨的心去幫助別人，他們會懷疑你一定想愚弄他們。如果你說眞話，必然點出人們的缺點，沒有人喜歡如此。與其這樣，不如隱藏你眞正的內涵，像灰中餘燼般過活。下一個偈頌便解釋要如何去做。

17.

寂靜山林獨居以藏身；
息交絕遊少言以藏語；
專倚注視己過以藏意；
此即所謂祕密瑜伽士。

一旦你受制於各種紛擾的活動，就永遠不能從妄念中解脫；所以，單獨住在遠離世俗享樂的地方是很重要的。沒有一個地方比鮮爲人知的幽僻山谷洞穴更適合棲身了。那裡只有野生的鳥、獸爲鄰。在這種環境下，你的慈愛與悲心將會增長，貪愛與瞋恨會從內心消失，而你的禪修也不會受干擾而分心。

嘴巴是罪惡之門。雖然話可以從口中輕易溜出，但它所帶來的後果卻深遠而嚴重。多數的閒談只是貪愛和瞋恨的表達而已。如果你說得太多，將惹上麻煩，就像一隻鸚鵡落到被關在鳥籠的下場。所以應捨棄不必要的閒談。

是心讓我們在輪迴裡徘徊流轉；是心不斷產生貪、瞋、癡、慢、疑五毒；心必須爲遍布三界的妄念負責。與其讓這個愛惹麻煩的猴子心性恣意地糟蹋我們，不如持續細察自己的過失，只要惡念一生起，就採取適當的方法來對治它。舉例來說，增長無私來對治貪愛；增長慈愛來對治瞋恨；思惟十二因緣[1]如何造成輪迴來對治愚癡。善行的關鍵就是修心，這就是爲什麼說：

苦行要旨善護心；
除此，苦行有何益？

不斷檢查心境是否與法教一致，或已被煩惱入侵。如果心能守戒並保持明覺，身和語自然就會跟進。這種心的內在修持，就是眞正的上師，佛法是隨時都可以運用的，否則它又有什麼用？

隱匿的瑜伽士是不會跟他人廝混，也不涉入世俗活動的修行者，既不求名也不求追隨者。他對修行有一股不可抗拒的灼熱渴望，並抓緊法的根本——出離輪迴的決心。現在你可能會想：「若我現在捨棄了所有世俗活

① 十二因緣：因果互倚的瀑流，由無明開始而生起世俗諦的現象。

動，以後會怎樣？我要如何找到食物、住所和其他東西？」如果你讓這些迷妄的疑慮和不安支配餘生，只會使輪迴的網愈扯愈緊。一旦這些根深柢固的習性持續，痛苦也會延續下去。除非你真的厭惡世俗生活，並滿足此刻所擁有的一切，否則你不會是一個好的佛法修行者。

18.

無一可信是故起厭憎，
無一具義是故悲惆悵，
所欲時不我與堅決心；
恆念如斯三事得裨益。

我們經常把對我們友好的人當做朋友，把那些擋我們路的人視爲敵人，但這些判斷相當不可靠。那些我們現在認爲是朋友的人，將來可能輕易地變成敵人，反之亦然。從沒有一件事是完全固定不變而牢靠的。

輪迴中的種種事物，終將如水塘上的指劃般不留餘跡。這一生不管我們多麼努力奮鬥以求取成功與幸福，甚至工作到精疲力竭，也將毫無所獲，因爲在我們跨入死亡門檻時，又能帶走什麼？

當我們投入一些計畫時，內心充滿著過去和未來的種種思緒，失去當下的念念分明；這樣要從情緒的羈絆中獲得自由，是非常困難的。總之，在這一生中即使想要實現所有計畫和想法的一半，也不夠時間去完成。認知到這一切毫無實義，並對今生所有的世俗活動感到嫌惡和疲憊，我們不就應該堅持修行佛法嗎？

從沒有人不死。即使是已證悟的覺者、釋迦牟尼佛具足佛的三十二相和八十隨形好，也示現肉身死亡以提醒衆生無常。即使是梵天（Brahmā）、帝釋天（Indra）及其他輪迴中最高天界、壽命長達一劫的天人，也終究難逃一死，因爲他們尚未根除煩惱障，必再投生下三道。試想我們擁有這個諸多不完美的脆弱人身，又該當如何？

如果你自以爲了不起，稍有不適就發怒，那麼你絕不會是個眞正的修行者。直到現在，我們都只想著自身的舒適、成功、家庭和朋友。無數累世以來，我們只想到自己的幸福；現在是開始想想什麼對他人最好的時候了。我們現今的喜悅或悲傷，正是過去世種下的果報，因此對苦樂存有希望和恐懼是毫無意義的。相較於無數衆生的福祉，自身的苦或樂根本不重要。所以，欣然接受痛苦以提醒自己輪迴的不完美，用它來激勵修行，並做爲消解他人痛苦的時機。同樣地，用快樂去滋長你的力量，努力趨向證悟，並增長慈愛之心。

思惟這一切，悲哀、厭離和決心就會自然生起：目睹衆生的境況，你卻無能爲力而傷悲；想到在墮落的輪迴裡持續漂流，就感到厭離；於是決心藉修習佛法來做點事。

19.

樂時不再歡樂有時盡；
不欲痛苦依法斷離苦。
無論苦樂知昔業力作，
是故於此毋須希懼爾。

此時此刻，你或許正體驗著各種幸福歡愉，但這些都不會久長，所以不要執著。今生你必會經歷各種困難、疾病和其他麻煩；重要的是從這些經歷中，了知法教的眞實意義。

不論何時我們經歷痛苦或快樂、不幸或滿足，都是過去行爲的結果。如果你現在健康、有名或富裕，那是因爲你過去所行的善報；如果你因疾病、障礙或重重困境而受苦，那是你過去惡行的果報。不管身處何種環境，你都可以淨化自心。受苦時，你可以發自內心深處祈求，願你的苦能代替別人的苦，讓他們所有的痛楚和苦難永遠了脫。你受的苦愈多，就愈能實踐替一切眾生承擔痛苦的修行。

以這種方式來經歷困境，把它當做修持佛法的一種激勵，它們會成爲助力而非障礙。偉大的密勒日巴尊者就是用這種方法，將他所受的痛苦和艱難全部轉向證悟之道，成爲最完美的例子。難道我們不應該像他一樣，放棄對此生舒適、快樂的一切考量，欣然接受所遭遇到的任何狀況，做爲修行的資糧嗎？

20.

求人者眾逢人皆微笑；
己欲者多樣樣皆必備；
算計能作所作心希懼；
從今隨緣行止不作矣。

爲了財富和權勢，你必須取悅權貴，笑得諂媚又僞善，只求達到目的。一旦你踏入權力和富貴的世界，你的心就會充滿憂慮，經常縈繞著過去、現在和未來的種種。

到最後，不論我們變得多麼顯達富貴，似乎永遠都不夠。我們對自己所擁有的從不感到滿足。正如俗話所說：「貪欲就像一隻饑餓的狗。」就算能嘗到天人的珍饈美饌，我們還是會希求更美味的食物；即使能穿到天人華美的服飾，我們仍會渴求更精緻的衣著。所以不要無謂地自我虛耗，像個追索彩虹盡頭的小孩！世俗的目標完全無益；開展爲幫助一切衆生而修行佛法的信念，才是生命中唯一有價值的目標。

佛法的基本要點就是遠離生命中對苦樂的恐懼和希求。在荒野獨自生活，滿足於你所擁有的，就會免受各種需索的折磨。沒有許多障礙、分心事物或衝突，修行就容易多了。反之，窮畢生之力試圖得到世俗成就，就像在乾涸的河床上捕魚一樣徒勞。清楚了解這一點，立定決心，不要讓生命去追求這般毫無意義的目標。

21.

今日既死無悔輪迴法，
長命百歲無喜韶華逝。
是故死活今生有何義？
唯修佛法誠為來世矣。

如果你已修行佛法，你的生命就很有意義，即使今天突然被雷電霹死，也毋須有任何遺憾。

如果你不曾修持佛法，至少有一件事不用擔心：你沒有任何機會遠離輪迴；你現在就置身其中，而且還會在裡面耽留生生世世，像一隻被困在罐子裡的蜜蜂，飛上飛下卻無處可逃。如果你繼續浪費時間，不論再多活幾年或上百歲，到頭來都沒什麼差別。

至今，或許你已浪費許多時間，但一旦你開始修行佛法，那麼不論你活多久，每一天的每一刻都是和上師相處，接受他的教導，並全心全意修持直到死亡降臨的無比寶貴的機會。那時你會清楚知道，沒有一件事比佛法更值得；並且明白，爲使自己完善而修持，是今生和來世的一項珍貴投資。

覺察整個現象界是多麼夢幻無常，當死亡來臨時，你就會像對待老友一樣地歡迎它。猶如無可匹敵的岡波巴大師所說：在死亡時，已除盡輪迴習氣的最上乘修行者會融入大明光中；中等的修行者虔信自己會直登淨土而了無畏懼；修持了一些佛法的下品修行者至少也沒有悔恨，知道自己將免於投生三惡道。

即使你強烈執著於今生的事物，也無法留住它們。青春及伴隨而來的歡樂匆匆而逝；沒有佛法，就算活到百歲也只是延長老年的痛苦而已。只要你的心仍被八風[1]所染污，就沒有任何聞、思、修能讓你獲得解脫。世俗的目標是永無止境且沒有實益的。純爲利他而追求證悟的修行，才是最崇高和最有價值的立志目標。這就是菩提心，一切修行道的精髓，能成就一切法門。

每件事都有一個恰當的時機。農夫知道何時應該犁田、播種或收成，從未錯失從事每件工作的適當時機。現在你擁有健全的身心功能，已經遇到上師，也接受了他的法教，你要讓解脫之田荒廢嗎？

大多數人做了很多未來規畫，但他們計畫的未來，只不過是今生的短短數載，這是極爲短視的。我們還有來世的漫漫長路要走。死亡只是一個必須獨自跨過的門檻，唯有對上師三寶的虔信和對修行的信心，才能幫助我們面對死亡。親戚、朋友、權勢、財富和其他我們習於依賴的任何事物，到時都不復存在。所以，如果你現在把生命浪費在無盡的次要工作上，可以確定你在死時必將悔恨哭泣，並被強烈的不安侵襲，就像一個小偷剛被丟入監牢，不安地等待刑罰。亦如密勒日巴尊者對獵人奇惹瓦．貢波．多傑（Chirawa Gönpo Dorje）所說的：

①八風：依龍樹菩薩所定義，分別是利、衰、毀、譽、稱、譏、苦、樂。

暇滿人身誠可貴，

如汝之人非如是。

一個人或許會發覺自己沒食物吃，沒衣服穿，沒房子住，但如果內心充滿對上師和三寶的信心，那麼此人不管是生或死，他的心一直都是喜悅和自信的。

結語

第一篇是從世尊初轉法輪、傳下四聖諦的法教開始，相當於三乘教法的第一步：小乘。概括來說，它指出輪迴的過患，特別要激勵我們厭離此末法時期的惡行。這種出離輪迴的決心是一切佛法修行的基礎。而第二篇將解釋對治輪迴的方法：大乘佛法的見、修、行。

第二篇
大乘的見、修、行

三乘道

第一篇概述了入門之道——小乘，其目的是要使我們發現身處輪迴、尤其是在末法時期的處境，油生一種疲憊和厭惡感。第二篇則繼續界定對此情境的對治方法，即佛陀大乘法教的見、修、行。這可分兩個部分來詮釋：先是介於小乘與密乘之間的經乘，其次是善巧方便的不共道——密咒乘。

〈經乘道〉

皈依

正如我們所了解的，輪迴除苦之外無他，因此我們要下定決心從中解脫。然而，爲了眞正地做到，我們需要幫助。明顯地，我們能獲得幫助的唯一希望，在於依止一位完全證悟、已自輪迴中全然解脫之人。這就是巴楚仁波切在此向佛陀悲心的化現——觀世音菩薩祈請的原因：

22.

啊！吾唯一怙主慈悲藏，
根本上師護法觀世音！
語之精華妙法嘛呢咒；
從今無有他想唯依汝！

觀世音菩薩是一位完全證悟的佛，爲了利益衆生而示現菩薩身。諸佛的本性同一，其悲心的化現便是觀世音菩薩。既是諸佛悲心的化現，觀世音菩薩也是一切諸佛菩薩的本源，因爲慈悲是證悟成佛的最根本，觀世音菩薩便是悲心的本尊形相。觀世音是佛，觀世音是法，觀世音是僧；觀世音是上師，觀世音是本尊，觀世音是空行；觀世音是法身，觀世音是報身，觀世音是化身；觀世音是阿彌陀佛，觀世音是蓮師，觀世音是聖救度母（Ārya Tārā）；總之，觀世音菩薩即是我們的根本上師。如同百川匯流於一座橋下，觀世音菩薩是諸佛的總集。接受他的加持，就是接受諸佛的加持；了悟他的本性，就是了悟諸佛的本性。

在此黑暗時代，觀世音菩薩化現爲蓮師。由於他發願要特別利益這個時代的衆生，其智慧、悲心和力量比其他任何諸佛還要迅速。觀世音菩薩的化身無數：國王、善知識、凡夫、野生動物，甚至山、樹、橋等，任何能圓滿衆生需要的形相。即使是酷熱天氣裡吹過的一陣涼風，或病痛中片刻的舒暢，都是觀世音菩薩悲心的顯現。

同樣地，觀世音菩薩的六字大明咒——唵嘛呢唄美吽（OM MANI PADME HUM），是諸佛慈悲智慧的音聲顯現。其中涵攝了佛所教授八萬四千法門的精義。在眾多不同的咒語中，如明咒、陀羅尼咒（dhāraṇis）、密咒[①]，沒有一個比觀世音菩薩的六字大明咒更殊勝。持誦這個一般所稱嘛呢咒（maṇi）咒語的大利益，在佛經和密續中一再被提及。據說，只持誦嘛呢咒一遍，就等於誦念了佛陀所傳的十二分教[②]。持誦六字大明咒即圓滿了菩薩的六度，並能穩固地杜絕任何投生六道的可能性。這是個簡單的修法，容易了解，所有人都能修持，也包含了佛法的要義。如果你把嘛呢咒當做快樂與痛苦時的皈依處，那麼觀世音菩薩將一直與你同在。你將不假造作地愈來愈虔誠，自然生起對大乘之道的所有了悟。

根據《寶篋經》（*Kāraṇḍavyūha-sūtra*）[③]的記載，持誦一億遍嘛呢咒，你身上無數的活有機體將受到觀世音菩薩的加持；在死後，即使是屍體荼毘的煙，都能保護吸入者免於轉生三惡道。

縱使是此咒的某個字——唵、嘛或呢，都具有不可思議的力量，能加持並使眾生解脫。據說，佛擁有超越任何眾生的非凡能力，像是能正確說出連續下了十二年的暴風雨裡共有多少雨滴，但即使是佛，也無法完全述說持誦一遍嘛呢咒所產生的功德。如果佛開始做這般闡述，即便將地球上的森林都製成紙，也不夠寫盡其中最

①密咒：字義上是「保護心者」。有各種咒語，主要分為明咒、陀羅尼及密咒，分別相應於方便、智慧與無二自性。

②十二分教：
1）契經：佛經的主體，以章節排序經義之佛經。
2）應頌：原以細膩之韻文闡述佛法，今則以詩歌宣說之佛經。
3）授記：對未來預言之佛經。
4）諷頌：以韻文撰寫之佛經。
5）自說：無人祈請，專為延續法教而闡述之佛經。
6）因緣：因某人不當行為後，做為戒律傳授而詳述法教之佛經。
7）譬喻：佛陀重述同時期其他人物舉止軼聞之佛經。
8）本事：和過去故事相關之佛經。
9）本生：佛陀過去累世為菩薩時一系列故事之佛經。
10）方廣：極為詳盡闡述廣奧法教之佛經。
11）希有：闡述從未公開之神奇和特殊法教之佛經。
12）論議：精確設定律藏和經藏教義之佛經。有對五蘊、五大、覺知主客體及其他輪迴法教的分類；對次第、道、三摩地和其他修道法教的宣講；以及對三身、五智及其他證果法教的列舉。

③《寶篋經》：有關觀世音菩薩之佛經；第一部傳入西藏的佛經，神奇地出現在拉托日聶贊王（King Lha-Thothori Nyentsen）的皇宮屋頂，是吐蕃王朝的第二十八代，時當西元四三三年。

微小部分的功德。

世界上沒有任何事物能眞正嚇退死神，但觀世音菩薩悲心的溫暖光亮，卻能完全袪除任何人在死神逼近時所感到的畏懼。這即是所謂的「無欺皈依處」。觀世音菩薩完全不受輪迴束縛，隨時都在幫助衆生，連最微細的動作——一手勢、一眨眼，都具有幫我們自輪迴中解脫的力量。當我們藉持誦嘛呢咒來向他祈求時，不應該認爲他在遙遠的淨土而聽不見，因爲觀世音菩薩永遠在對他有信心的人身邊。我們由於自身的障礙，無法到阿彌陀佛極樂淨土的普陀山親見觀世音菩薩。事實上，他的悲心不捨棄任何衆生，他不斷化現爲最能利益衆生的任何形相，尤其是化身爲偉大的善知識。所以我們應該堅信觀世音菩薩是無上的救怙主，他將解脫道示顯給一切衆生，實際上就是我們的根本上師。

觀世音菩薩悲心的甘霖無分別地遍灑在衆生界。但幸福的作物不會生長在信心種子枯萎的地方。缺乏信心，就是在他加持的暖陽下自我封閉，好比將自己關在暗室中。假如你有信心，在你與觀世音菩薩的加持之間，就沒有距離和遲滯。

釋尊的法教極深廣而不可思議。要通達所有教理，實是非常罕見和了不起的成就。但即便如此，仍然不足。除非我們眞正實修這些法教，融入自心，獲得內在的了悟，否則任何所得都僅是學理，只會徒增自矜自是。

我們已經讀了很多書，也聽聞了很多法教，但對於眞正改變我們並沒有太多助益。把醫師處方放在床邊，並不會治好你的病。所以，將心轉向內在，深刻思索佛法的義涵，直到它浸潤整個生命爲止。

這是爲何巴楚仁波切說：

23.

所知僅解外相無裨益，
所作今生消逝無裨益，
所思儘皆迷妄無裨益，
是時持誦嘛呢有實益。

如同海浪般，此生的一切活動無盡地翻湧著，一波接著一波，到最後徒留空空的雙手。無數的念頭川流而過，每個念頭又湧生更多念頭，但它們只會增加迷惑與不滿。禪修法教的精義和持誦嘛呢咒，不是更好嗎？

我們現在正陷入習性的泥沼，被情欲的桎梏所困。我們既未完全解脫，也不夠堅強到有能力使眾生自輪迴中解脫。我們必須尋求幫助——不只是某種幫助，而是觀世音菩薩無窮的幫助：

24.

真實不變皈依唯三寶；
三寶總集自性觀世音。
一心依止汝智無變異，
具信堅心持誦嘛呢咒。

向梵天或帝釋天等天神尋求依怙，並不能獲得眞正的幫助，因爲他們自身仍陷於輪迴之網。向世界上有權有勢的人或親友尋求庇佑，只能得到極有限的保護。山川、星辰或其他自然現象也無法提供眞正的平安。這些都不是究竟的皈依處。如果你身繫牢獄而想獲釋，就必須求助於有能力解救你的人，而非其他的囚犯。

爲了能將我們自輪迴的漩渦中救出，我們尋求的皈依基礎必須是自身已全然解脫者。自輪迴的一切限制中解脫出來，圓滿究竟證悟的所有功德，擁有無限悲心可以滿足一切有情所需、並帶領他們直到成佛的皈依源只有一個：三寶。

三寶是佛、法、僧。佛是導師，示現四身[①]五智[②]；

①四身：化身、報身、法身及法界體性身（Sva-bhavika-kaya，是前三者的融合）。

②五智：描述五毒如何轉成五智，見原頌第50偈至第54偈。

法是道，是被傳授和了悟的法教；僧是道上的友伴，是了解法義並終證解脫者。

透過對三寶的信心及虔誠心，我們將了悟他們並非三個分離的個體，而是代表佛陀悲心之觀世音菩薩的身、語、意。他的心是佛，他的語是法，他的身是僧。縱使我們現在不能親見觀世音菩薩，但也應了知他的無量功德，一如佛經及密續所記載般。我們也當記住觀世音菩薩與傳授我們珍貴佛法的上師無二無別。深切感念這偉大的慈悲，向他祈請，並持誦六字大明咒，我們的一切業障和煩惱將毫無疑問地被一掃而空。屆時，我們將至觀世音菩薩淨土親見觀世音菩薩，他在那兒爲菩薩眷眾轉大乘的法輪。

皈依是進入佛法之門，爲三乘共法與一切修行的基礎。人們對輪迴的看法所生之皈依動機不盡相同。因害怕輪迴之苦，爲了個人因素而皈依是較差的動機。最好的動機是希望自己能令一切眾生完全自輪迴痛苦中解脫，並使他們達到證悟的境界。以這種心念皈依，是大乘的見解。

如果要誠懇眞實地皈依，就必須培養無可動搖的信心。信心是道上的核心要素，能使我們受到佛的加持。想要達到證悟卻沒有信心，就好像坐在面北的洞穴裡等候陽光的照拂一樣。

開展信心有四個階段：淨信（clear faith）、願信（longing faith）、篤信（confident faith） 和不退轉信（irreversible faith）。當你開始認知到佛陀、觀世音菩薩及上師擁有多麼美好殊勝的功德時，你的心會變得非常清淨喜悅，這是「淨信」。當此淨信引發你想得到如觀世音菩薩般完美功德，並想到如果能具備這些功德，便能幫助無數眾生時，就會轉成「願信」。當你完全確知觀世音菩薩的功德實如佛陀所描述時，就成爲「篤信」。最後，當信心成爲自己不可或缺的一部分，甚至犧牲生命也無法使你拋卻時，就是「不退轉信」。至此，無論你遇到什麼狀況，都會深具信心地想著：「觀世音菩薩，您知曉一切；無論發生什麼，我都全然仰仗您的智慧和慈悲。」自此，觀世音菩薩的加持及指引將永遠與你同在。毫無疑問地，僅是觀世音菩薩名號的音聲，都能使你免於墮入三惡道。眞實無僞的皈依所需的，就是這種不退轉信。

俗云：「信心是解脱道上日夜前進的寶輪。」信心是七種高貴功德中最重要的一環。太陽的光芒普照各地，但只有透過放大鏡的聚光，才能把乾草點燃。同樣地，觀世音菩薩的慈悲平等地照亮一切眾生，但只有那些擁有如放大鏡般信心之人，才能引燃他的加持之火。

若僅為了此生，或只為了治癒你現有的疾病而皈依是短視近利的。你應發願為了一切眾生皆得成佛而皈依。無論處於順境或逆境，你都願以眞誠的信心供養身、語、意予觀世音菩薩，全然依止他，這就是完全具義的皈依——大乘的眞實皈依。

皈依觀世音菩薩可依外、內、密三層面來說。在外的層面，觀世音菩薩是佛、法、僧三寶。在內的層面，他是上師、本尊和空行三根本。在密的層面，他是法身、報身、化身三身。因此皈依絕不只是一個前行或初學者的修行而已；事實上，皈依的深意涵蓋了直至成佛的完整修道。儘管有各種不同程度的皈依，但只要堅信上師與觀世音菩薩無二無別、是三寶一切面向的唯一精髓，依此信心持誦六字大明咒，便能圓滿一切的皈依。

阿底峽尊者以無比的學養和證量，在北印度和東印度各地被尊稱為「第二佛」。他到西藏後，因為教授了太多次的皈依利益，於是大家開始稱他為「皈依班智達」。當他聽到弟子這般稱呼他時，他嘆道：「被這樣稱呼的確是一項榮譽，但還有什麼比皈依佛更殊勝的呢？」

發菩提心

了知信心與皈依的重要性之後，現在我們進入大乘的精髓所在：證悟的思惟。

25.

大乘道之根基菩提心；
唯此聖念諸佛所行道。
菩提心之善道永不離，
大悲為利眾生誦嘛呢。

「證悟的思惟」，在梵文中以菩提心（bodhichitta）這個字來表示，意指爲了一切衆生而證悟成佛的願心。菩提心可分爲世俗菩提心和勝義菩提心。勝義菩提心是認知衆生皆本俱佛性，但只有那些了悟所有現象之本性空的人才能領會。因爲這不易完全了解，我們通常從比較不難的世俗菩提心開始修起。

世俗菩提心也分成兩部分：願菩提心與行菩提心。前者是發願爲一切衆生而證悟，後者是透過六度的修行來實踐此願望。換言之，願菩提心是目標的確認，而行菩提心則是達到目標的方法。大乘佛法的關鍵是無論輪迴有多久長，願、行兩種菩提心都是爲了一切衆生，而不是爲了自己。

一個人要如何生起願菩提心？如何生起這種悲憫衆生的感受，以激發爲了衆生而證悟的願望？首先，把觀世音菩薩當做你決心爲了利他而證悟的見證人。其次，試著克服只想幫助你所親近者，拒絕你不喜歡者需求的態度。當你認知在過去多生累世中，每個衆生無一例外地至少有一世曾是你的母親或父親，這件事就有可能做到。任何衆生，即使是最小的昆蟲，也都只想快樂，不想受苦，但他們不知道痛苦源自於惡行，而快樂是由善心所生。當你想到所有衆生無望地沈淪在痛苦中，猶如盲人迷失在無垠的沙漠裡，不由得會對他們生出極大的悲心。

爲了進一步發展這種悲心，想像你處在地獄道中，突然間你看到父母被死神閻羅的使者拖著走；殘忍地鞭打他們；用尖銳的武器砍殺他們；用熔銅灼燙他們；並把他們放在熾熱通紅的鐵皮下壓碎。看著他們那恐怖的劇苦，難道你不會發出強大的悲心，迫不及待地想要立刻衝去拯救他們嗎？當這種強大的悲感清楚生起時，沈思一下。你親愛的父母只是廣大無量衆生中的兩個人，爲何其他無量衆生不值得你也生出悲心？了知沒有理由不這麼做，就試著逐漸擴展悲心，先是對你最親密的朋友和親人，再對你認識的每個人，然後是整個國家、全地球，到最後對輪迴三界中的無量眾生。只有當悲心真正達到如此廣大的程度時，才能稱做眞正的悲心。

所有衆生都希望離苦得樂。自己與其他衆生最大的不同在於數量──我只有一個，其他衆生卻是無數。所以，自己的苦樂與其他無數衆生的苦樂相比，實在微不足道。眞正重要的是其他衆生苦樂與否，此即菩提心的基礎。我們應希望別人的快樂甚於自己，尤應希望我們認爲是敵人及對我們不好的人也能快樂。否則悲心又有何用？

對一切衆生有悲心是個起點。然後，你必須能把你的希望和願力付諸行動。但如同阿底峽尊者所說的：「*以發心爲準。*」如果你的心時常充滿利他的動機，那麼不論你外在行爲看似如何，行菩提心自會照管好自己。如果你能保持願菩提心，不僅永遠不會偏離正道，在修行道上也絕對會不斷進步。當你的身、語、意完全浸潤在幫助一切衆生的祈願時，當你以圓滿佛果爲自利利他的目標時，那麼即便是持誦一次嘛呢咒或做一個大禮拜等最細微的行爲，都將迅速確切地實現你的目標。

六字大明咒是觀世音菩薩的精髓，是菩薩六度的咒語形式。當你持誦此咒時，六波羅蜜多會自然生起，行菩提心也同時達成。

據說當那些在輪迴的牢獄中受苦的眾生發起菩提心時，他們立刻被諸佛視爲兒女，受到人、天的讚嘆。他們整個生命有了新的意義，全歸功於如珍寶般菩提心的無限力量。菩提心是佛陀八萬四千法門教授的精華，非常簡單，易懂易學，對初學者來說亦是如此。

勝義菩提心是空性與不造作慈悲心的合一。它是質樸的法爾本性，超越一切概念與智力所及，由此生起任運、無緣的大悲心，利益一切眾生。

當你的修行有所進展時，這兩種菩提心將相互增上。即使只是對究竟心性的一瞥，也將給予你修行世俗菩提心的正確見解；反過來，對世俗菩提心的修持也會擴展你對勝義菩提心的了悟。

淨業

在培養出菩提心的正確心態後，我們需要清除任何在成佛道上前進的可能障礙：

26.

無始至今徘徊輪迴中，
凡諸所作罪業致輪迴。
自心發露懺悔諸罪愆，
圓滿四力持誦嘛呢咒。

從過去累生一直到現在，我們以撒謊、行騙、偷盜、破壞、侮辱、殺害及其他各種惡行，已經無數次地傷害了其他眾生。這些累積的惡業使我們深陷輪迴，並成爲現前在修行道上的主要障礙。它形成二障，橫阻在我們與佛性的體悟之間：即所謂的煩惱障和所知障。

然而，我們的處境並非全然無望。如噶當派大師常說的：「惡業唯一的好處，就是它能被清淨。」惡行是有爲法，必屬無常。因此正如佛陀所說，沒有任何過失嚴重到無法被四力清淨。

四力即是用來有效清淨所有惡業的方法。第一力是「依止力」(the power of support)。這裡所說的依止，是指我們能向其承認及懺悔過失的人或本尊，因此他們成爲我們淨業的助緣。在此依止的是觀世音菩薩——諸佛菩薩智慧的顯現。在其他的修法裡，依止的可能是金剛薩埵（Vajrasattva)、三十五佛（Thirty-Five Buddhas of

Confession）或大日如來（Buddha Vairochana）。單是這些佛名號的音聲，就足以使一切衆生自惡趣中解脫；但能履行這種能力的許多本尊全是觀世音菩薩的化身，他是淨業的助緣精髓。

第二力是「悔力」（the power of regret）。當我們了解在輪迴的多次投生，直至現在所經歷的一切痛苦皆緣於自身的惡行時——包括現世報的五無間罪①、十惡業②及違犯三乘戒律③等，懊悔之心自會生起。我們都曾有過無數世的生命，如果你把曾有過的肉身堆聚在一處，僅計算過去曾是昆蟲的軀殼數，所堆成的山頭將高過須彌山。如果你收集過去世裡因悲傷痛苦所流下的淚水，所形成的海將比世上任何海洋都來得大。諸如此類的比喻都可以在《正法念處經》（*Sublime Dharma of Clear Recollection*）④裡找得到。無盡轉世裡的一切痛苦，純粹是自身有害行爲——例如妄語或殺生的結果。只要你仍不明白自己所行將招致的後果，舉止就會像個瘋子般繼續下去。一旦你清楚了解過去的惡行是如何使你在輪迴的無盡痛苦中流轉不止，你一定會對曾經犯下的惡行深感悔恨，再也不想重蹈覆轍。懷著深切眞誠的懊悔，你應毫無隱瞞地懺悔一切過失。

但僅有懊悔是不夠的；過去的惡行仍然必須淨除。

①五無間罪：弒父、弒母、殺阿羅漢、分裂僧團、出佛身血。「無間」指這些罪的果報，是在死後不經中陰歷程而立刻墮入地獄中。

②十惡業：三身惡（殺、盜、淫）；四語惡（妄語、綺語、兩舌、惡口）；三意惡（貪、瞋、癡）。和十善業相反。

③三乘戒律：小乘是別解脫戒或皈依戒；大乘為菩薩戒；金剛乘則為三昧耶戒。

④《正法念處經》或《妙法聖念經》：詳細解釋業果之佛經。在此經中，解釋此經名是「抉擇種種（行為、言語及念頭）適切與否，並使人保持正念專注於此抉擇上。」

這能藉第三力「對治力」（the power of antidote）來完成。身、語、意所犯的一切惡行，必須以其對治來抵消：即身、語、意的善行。付諸實行時，在身方面要做大禮拜、以繞行來禮敬聖地、服務他人及獻身佛法；在語方面要持誦嘛呢咒；在意方面要思惟，若非觀世音菩薩悲心的普照，你將在輪迴中愈發沈淪，故一心虔敬地向觀世音菩薩祈請，以遣除所有障礙與惡業。爲了回應你眞切的祈請，要觀想從觀世音菩薩身上流下智慧甘露，自頭頂灌入，充滿你及一切衆生的身體，滌除所有障礙、惡行及惡業，絲毫不存；你的身體變得十分純淨，如水晶般剔透。觀世音菩薩燦爛微笑地說道：「高貴的孩子啊，你的一切過失都清淨了。」他化光融入於你。感受觀世音菩薩的心與你的心合而爲一，在這種超越任何意念的明空境界中安住半晌。

第四力是「決斷力」（the power of resolve），下定決心即使犧牲生命也絕不再重蹈那些有害的行爲。截至目前爲止，你可能一直昧於惡行將導致痛苦的事實眞相，但從今以後，你再也沒有藉口不改變你的行爲方式了，也不能認爲既然惡行可以輕易淨除，犯再多也無所謂。你必須從內心深處痛下決心，不管發生什麼事，絕不做出任何違背佛法的行爲。這需要恆常的正念與精進。第四力也包括決心清淨你的身、語、意，和觀世音菩薩一樣。持誦六字大明咒時，你的惡業和障礙會消失，證悟境界裡一切本具的功德也將如撥雲見日般開始顯耀。

供養

27.

此心貪戀我執輪迴因，
是故敬獻身財與善德，
上供涅槃下施輪迴眾；
捨除一切貪執誦嘛呢。

經由淨業，你已清除了通往成佛道上的障礙，但爲了繼續在道上前進，必須積聚必要的資糧以持續旅程。累積資糧就是積聚福德與智慧。透過善行與供養來累積福德資糧，將可成就色身（Rūpakāya）；以無所執之心行善而累積智慧資糧，將可成就法身（究竟身）。這兩種資糧應以利他之心來完成。

執著於有「我」這個實存自我的概念，是我們流轉三界的根本原因，了知這點是十分重要的。一旦相信有我的錯誤根深柢固，我們便開始執著於**我的**身體、**我的**

心、**我的**名字、**我的**財產、**我的**家庭等；就是這些想法使我們渴望快樂，厭惡痛苦。結果是一連串無休止的喜惡交替，而且從這些潛藏衝動所生的矛盾情緒，正不停地攪擾著我們的心。

在過去無數的累世裡，我們曾擁有許多財富資產，但因為我們如此害怕失去或用盡所有，因此不管是供養三寶或布施他人，都無法慷慨施捨。甚至有些非常富有的人因為吝嗇，只穿破爛的衣服，吃最簡陋的食物；這顯示他們對「無常」是多麼無知，因為這個時刻必將到來——肯定在他們死時或很可能在那之前——他們將失去所有。屆時，他們不僅帶不走任何財物，甚至可能投生在一個連「食物」及「飲水」這樣字眼終生都不會聽聞的地方。雖然你的財產實在不比夢中珍寶或地平線上閃動的海市蜃樓來得真實，但將它們供養給觀世音菩薩及三寶，你將會積聚如夢般的福德，帶給你如夢般的幸福、長壽及榮祿，最後能得解脫。為了積聚真實的福德，你應以最大的虔誠心，不帶任何驕慢地行供養及布施。

在所屬物品中，我們最珍惜自己的身體，連身體被荊棘刺到或被小火花燙到都受不了。為了扭轉這種執著自身舒適和財物的習性，供養己身予佛為僕，獻出所有財物做爲對諸佛菩薩廣大如雲的供養，才是眞正有意義地使用身、財的方式。進一步運用你的想像力，供養宇宙中的一切美好事物：嬌美的花朵、清涼的林苑、最優雅的音樂、絕妙香氣、絕佳美食、各種彩光、最珍貴精緻的珠寶。在所有這些供養中，最殊勝的就是整個宇宙的曼達（maṇḍala）供養，包括須彌山及四大部洲、珍寶山、滿願樹等。簡言之，就是充滿無窮盡人天財寶的整個宇宙系統。呈獻這個無盡供養給住於涅槃的諸佛菩薩和六道輪迴的一切衆生。

除了上述這些供養，佛經與密續也記載對治輪迴深處之我執的進一步方法，是觀想身體轉化爲甘露，然後將它供給四種賓客的一種甚深修持法門。在這四種賓客之中，第一類是那些特別值得尊敬與信仰者——三寶。第二類是那些具有功德、值得供養者——護法。第三類是那些需要悲憫者——六道一切衆生；對他們而言，你要觀想甘露化爲任何可以紓解他們痛苦的事物，例如給饑餓者食物，給病者良藥，給受凍者衣服，給無家者庇護所等。第四類賓客是你今生及累世的冤親債主，感覺上他們好像變成一種逆緣，製造種種障礙與迷惑來阻礙你修行；透過供養任何他們最想要事物的方式，你對他們的業債將得以淨除。

同樣地，我們也可持誦六字大明咒來當做對三寶和一切衆生的供養；它能帶來無量的利益。即使是最殘忍無情、高傲自大、對佛法毫無興趣的衆生，此咒也能馴服並幫助他們，因爲它是菩提心之源，其無限的慈悲力量永遠能夠化暴戾爲祥和。

透過這些以布施和關懷別人爲本的修行，你能使自己從輪迴的根源——自我中心的執著中解脫。爲一切衆生廣修供養及培養慈悲心，你終能捨棄對自身的任何執著，這便是無上的供養，眞正的布施波羅密多——「布施到彼岸」，因爲平凡的布施已昇華爲智慧與慈悲。

究竟的布施可由以下故事來說明：

從前有位偉大的國王以廣大的悲心聞名。日復一日，他都在王宮最高的房間內禪修慈心。他的悲力是如此之大，使任何人無論怎麼嘗試，都不能殺害王國內的任何眾生。一天早上，一隻鴿子從敞開的窗口飛入，掉落在國王膝上，被追嚇得喘不過氣來。幾秒鐘後，一隻老鷹也俯衝進來，停在國王身旁說：「這隻鴿子是我的。我和嗷嗷待哺的幼兒需要吃牠的肉。」

國王心想：「我絕不可能將鴿子交給母鷹，但我又沒有別的肉可以給牠吃。如果我不做點事，牠跟牠的雛鷹都會餓死。」左右爲難之際，國王靈機一動，決定將自己的肉布施給老鷹。

「你需要多少肉？」他問牠。

老鷹回答：「我自身的重量。」

國王拿出一把秤，將母鷹置於秤的一端，然後用銳利的刀子割下右大腿的肉，把它置於另一端。但秤動都不動。他又割下左大腿的肉放上去，秤還是紋風不動。於是他將全身的肉都割下來堆在秤上。但即使如此，秤還是跟原先一樣。最後，他只有坐上秤的另一端，將整個身體供養出去。

就在這一刻，鴿子與老鷹，這兩位前來考驗國王悲心的天神變回原來的模樣。他們讚嘆道：「您的確是一位最具悲心的人！」此時，國王的傷口奇蹟地癒合。在來世，他成爲釋迦牟尼佛。

目前我們沒有能力像偉大的菩薩所做的，獻出我們的頭、四肢和骨肉。事實上，以我們的程度去嘗試做這種供養是不對的。我們應先從心理上的供養身體開始。透過此種及其他各種供養的修行，你的執著逐漸減少，心將變得愈來愈崇高寬廣。最後，你將了悟自我的空性本質。屆時你將以最圓滿的供養——證悟萬法皆空，來圓滿智慧資糧。

上師瑜伽

現在我們將進入修行道上最精髓的部分，也就是上師瑜伽的修持。藉此，智慧可以自然且不費力地在我們身上顯現。

28.

諸佛總集自性上師尊，
恩德更勝一切諸佛者。
上師與觀世音無分別，
熱切虔誠持誦嘛呢咒。

從各方面看來，你的根本上師的功德與能力和過去諸佛毫無差別，但他對你顯示的慈悲則更偉大。怎麼說呢？因爲他是眞正指引你解脫之道的人。你應深深感念此獨特的恩慈，並永遠尊崇上師如同佛陀本人。

過去、現在已證悟或未來將證悟的諸佛，均靠依止上師而成就。一切法教中最甚深的大手印和大圓滿，其證悟乃是透過虔誠心而非智力上的造作。以堅定不移和專一的虔誠心視上師爲佛，其所做所行皆圓滿無瑕；然後，他的加持，亦即諸佛心性的智慧將自然流洩予你。遵照其指示修行，當一切的疑雲與躊躇消釋時，他的悲光將照耀你全身，讓你充滿喜悅的暖流。

傳說中宇宙的統治者轉輪聖王，不論去哪裡都隨身帶著奇妙的寶輪，以得到統治四大部洲的力量。同樣地，如果你永遠保持虔誠心，它會帶給你在解脫道上輕易前進的力量。如世尊所說：「我永遠與虔誠者同在。」如同湖面清澈澄靜時，最能映顯出月色的皎潔明亮般，當你的信心堅定明澈時，上師的加持也會更強而有力。

經由上師的加持，可以最快速地獲得證悟。密續中曾言：

> 上師爲佛，上師爲法，上師爲僧；
> 上師具現諸佛智。

將此銘記於心，如對觀世音菩薩般地向上師祈請。密續又云：

> 上師心乃不變法身；
> 上師語乃無盡報身；

上師身乃大悲遍滿之化身；
祈請四身本俱之上師。

向與觀世音菩薩無二無別的上師祈請，是上師瑜伽的根本精華。「上師瑜伽」的字義是「與上師的本性合一」。將你的心與上師的心融合爲一，是一切修行中最深奧者，也是證悟的最短捷徑。它是修道的生命力，也是總攝一切教法的修持法。藉由依止上師，過去一切菩薩得以生起菩提心，並證得圓滿果位。例如，常啼菩薩[1]爲了懇求上師收他爲弟子，願意供養任何東西，甚至自己的血肉；而善財童子跟隨過的上師超過一百四十三位。

[1] 常啼菩薩：梵文為Sadāprarudita。

因此，於一切時、於一切處，發自深心肺腑地向上師祈請是非常重要的。坐時，觀想他在你的頭頂向他祈請；行時，觀想他在你的右肩上，向他頂禮繞行；進食時，觀想他在你的喉間，將食物轉化爲最清淨的甘露向他供養。將入睡時，觀想他在你心中，坐於四瓣紅蓮上，放光普照全宇宙。你所經驗到的一切歡愉，所有美好的景象與音聲，生命中的一切喜悅，在心中將它們無限加倍後，獻給上師。當你的處境愉悅、諸事如意時，思惟這全是他的慈悲所致，如夢如幻地無執享受你所擁有的一切。當你因疾病、悲傷或惡劣的遭遇而沉沮時，反省這其實也是上師的慈悲，讓你有機會藉此困境清淨過去的惡行與業債，並發願希望所有衆生的痛苦都加諸於你，讓他們毋須再受苦。

若你還能將魔視爲觀世音菩薩，那麼你認爲惡魔爲實的執著將會消失，這些邪惡的力量也無法再對你的生命或修行形成障礙。就算雷電交加、山崩地裂或群獸進逼，如果你的心充滿了對觀世音菩薩的憶念，並全心依止他，你將無所畏懼。在死亡的時刻，你如果只想著觀世音菩薩，對於中陰的恐怖幻境便毫無懼怕。但是，若你被恐懼淹沒，在逃奔或躲藏間驚惶失措，你將悔恨終生，在死時也無法克服中陰的虛妄恐懼。

一切佛經、密續的至高修行，都可濃縮爲對上師的虔誠心，這些法教也盡攝於持誦嘛呢咒的修行中。牢記對上師的虔誠心，是一切證悟之源；而上師瑜伽的精髓——也就是將你的心與觀世音的本性融合爲一，是一切修持中最深奧的。請持誦六字大明咒。

〈密乘道〉

在講述過經乘道的要點後，巴楚仁波切接著談及密乘道。它也常被稱爲「密咒乘」或「金剛乘」。請記得金剛乘的修行是奠基在大乘的基礎上，絕不會互相衝突，這是很重要的。

灌頂

在開始修行金剛乘之前，你需要接受「灌頂」，授權你可接受並修持金剛乘法教，也確認你對修行的了解能適切地圓熟，直到證果爲止。修行金剛乘而未接受灌頂，就好像要從石頭中榨出油一樣。

29.

淨障修道能顯四身者，

四灌本性上師觀世音；

了知自性上師圓四灌；

自灌自得持誦嘛呢咒。

在將一些極珍貴的液體倒入容器之前，你一定會先確定容器已經徹底洗淨。同樣地，爲了確保你是這些珍貴法教的適當法器，在領受法教之前，接受灌頂來滌淨是很重要的。

灌頂（藏文的「*wang*」和梵文的「*abhiṣheka*」）授權你能聽聞、學習和修行金剛乘法教。尤其是准許你修持解脫道上的各種次第。在生起次第，你觀想本尊並持誦咒語；在圓滿次第，你修持內瑜伽；在大手印和大圓滿，你體認覺性的究竟本質。

雖然灌頂有許多層次，但所有灌頂的基礎都相應於淨化四障的四種根本灌頂。透過這四個過程所產生的淨化，其結果則是四種成就。

「瓶灌頂」淨化身業；「密灌頂」淨化語業；「智慧灌頂」淨化意業；「文字灌頂」淨化身、語、意全部的微細染污。從上師（在此是觀世音菩薩的身相）的身、語、意和如如不動金剛智逐次領受這四灌。這四灌的果就是證得四身。

經由灌頂，你將了悟一切現象的眞實自性就是本然的清淨。但爲何我們和一切衆生仍在六道輪迴中被無盡痛苦折磨？這是因爲我們不能認知一切事物本來清淨的緣故。本來清淨才是一切現象的眞實狀態。我們慣常的不淨認知全是錯的，妄念一點也不眞實，就好像誤認一條繩子爲蛇，或把沙漠中的海市蜃樓錯認爲是遠處發亮的水光。

因此，四灌的作用是讓你覺知每件事的本然清淨。藉由觀世音菩薩身的加持，你將領悟整個宇宙就是觀世音菩薩的淨土普陀山；藉由觀世音菩薩語的加持，你將領悟宇宙中的一切音聲，水聲、火聲、風聲、野獸吼叫聲、人聲等，都是嘛呢咒的回響；藉由觀世音菩薩意的加持，你將體悟一切念頭都是覺性的展現；藉由觀世音菩薩身、語、意的共同加持，你將了悟在實相中，身、語、意不是三個分別的存在，而是觀世音菩薩空悲不二的同一自性。

先從具德上師處接受灌頂後，你必須一次又一次地活化灌頂的力量，每一次都會加深你的了解，重燃上師的加持，並修補任何曾犯下的三昧耶毀墮。爲了活化瓶灌的力量，要清楚觀想觀世音菩薩是無數壇城的遍主，以渴仰的信心向他祈請；爲了活化密灌的力量，要以深切的虔誠心持誦嘛呢咒；爲了活化智慧灌的力量，要以你的虔誠心祈求觀世音菩薩圓滿、離念的慈悲加持，以光的形式由其心間放出，融入你心中；爲了活化文字灌的力量，要以廣大衷心的虔敬向觀世音菩薩祈求其金剛智，以五色光的形式從他全身放出，融入你全身。當你依此方式領受四灌時，四障①即被清除並證得四身。

灌頂也可依根、道、果來講授。如來藏，即佛性，是你本自具足的，此即「根灌頂」。灌頂時，由上師直指本俱佛性，再由弟子漸次了悟，就是「道灌頂」。在這個漸修的方法裡，包括了壇城（mandalas）②和本尊的觀想、持誦咒語等。在這個特殊的修法裡，你觀想觀世音菩薩在頭頂上，然後持誦六字大明咒，一再從他得到四種灌頂。道灌頂會通往「果灌頂」，也就是完全了悟你本俱的佛性。

四種灌頂的加持及其淨障的力量，應以修持相應的四道來持續和增長。這是此篇接下來偈頌的主旨。

①四障：身、口、意的障礙，及此三者共同的微細染污。

②壇城：常被認為是本尊、眷屬及其境界，觀想有排列整齊的人物和具象徵意義的物質，呈幾何分布於一廣大圓形中。藏文字義為「中央和外圍」，外相上指位於壇城中央的主尊及其周繞的眷屬；內義指不變自性和涵攝的萬象。

淨觀

30.

輪迴不外印象所顯現；
知萬物即本尊利他成。
淨觀四灌立時予眾生；

浚斷輪迴持誦嘛呢咒。

對普通根器的衆生而言，道是圓滿的出離；對大乘根器的衆生來說，道是圓滿的悲心；對最利根器的衆生而言，道是圓滿、本淨的見，這就是在此要談的金剛乘的淨觀。

然而，什麼是「淨觀」？我們通常以爲外在世界、我們的身體和感受是不淨的，而將它們認爲是日常的、具存的實體。由於這個錯誤的知見產生了煩惱，使痛苦永存。但若你仔細觀察所有這些現象，你會發現它們沒有眞實的存在。從相對的觀點來看，它們的顯現是各種不同的因和緣所成的結果，就像海市蜃樓或夢境；但在實相上，凡因緣所生，即非實存。事實上，甚至根本無物可顯。如俗話所說：「了悟空性者，乃眞聖者。」

如果你繼續探求，將發現根本無一物具有屬實的存在，連一粒原子都沒有屬實的存在。但現在另一種認爲事物實存的看法，是構成輪迴的迷妄認知——即便這迷妄認知本身也從未離開空性的範疇。爲此，無明僅是一個短暫的遮蔽，並無實質的存在。當你了知這點，就沒有所謂不淨的概念，只有佛陀身、語、意和智慧的無限展現。那時便不再需要逃離輪迴三界或抑制痛苦，因爲輪迴與痛苦皆不眞正存在。一旦你了悟輪迴就如海市蜃樓般空幻，一切深植輪迴中的業力和煩惱就被斬斷了。

然而，「空」不是什麼都沒有或空的空間，如同《般若經》所說：「色不異空，空不異色；色即是空，空即是色。」所以空性與佛身（kāyas）、智慧的展現是不可分的。因此，一切顯現都是觀世音菩薩的身，一切音聲都是他的咒，一切思想都是慈悲和空性的樂空合一。當你了悟現象的眞空時，你將對因執著有我而深陷輪迴苦海的一切衆生，自然生起遍滿、離戲的大悲心。

在實相上，這個如此關心自己、愛惹麻煩的自我，自始從未存在過，現在也不存於任何空間，所以也無法停止存在，任何蛛絲馬跡都找不到。所以當你了悟到此空性時，有一個「我」會消失的概念也不復存在，同時利益一切衆生的能量會不假造作、不費力地如日升起。這時你將看到觀世音菩薩空悲不二的眞面目，由此展開從初地到十地的菩薩修行。他們能將剎那延伸爲一劫，也可以將一劫縮短爲一念。他們充滿了任運、離戲的慈悲，無論他們做什麼，既使是一個簡單的手勢，都能利益衆生。就像一個魔術師不會惑於自變的魔術一樣，他們也從不會被現象界所愚弄，因爲他們知道現象從沒有眞正存在過，也知道不能認知這個眞實是妄念所致。他們能賜予共同和殊勝的成就。他們無倦地為了利益一切有情，將輪迴的深根掘起。

慇切地向觀世音菩薩祈請，觀想無量的光由他的身體放出，消除一切眾生的痛苦和障礙，賜予他們四種灌頂。一切男眾變成觀世音菩薩，一切女眾變成聖度母，整個宇宙轉為其淨土，以此修行來利益所有眾生。

輪迴和涅槃的一切現象都是自心的投射，連觀世音菩薩也是。將所有的修行融合為一，安住在空、有不二的狀態中，持誦嘛呢咒。

生起次第

密咒乘分為生起次第和圓滿次第。生起次第包括了身、語、意智慧面的瑜伽── 金剛身、金剛語、金剛意；其目的是為了了悟一切現象的本然清淨。圓滿次第則導引對心之本性的離戲證悟。

金剛身

31.

生起次第諸多心難擁；

專修一佛諸佛已齊聚。
凡所顯相盡皆觀音身，
尊身顯空不二誦嘛呢。

生起次第的主要修行是觀想自己和一切眾生都是本尊，宇宙是壇城或淨土。現今的人們智能有限，生命短暫，精進不力，要精通密續所有細密的觀想非常困難。去嘗試這些複雜的修行是不必要的，只要藉著專注於一佛的詳盡專修，將可明白一切諸佛的智慧和慈悲。

在這個法門上，你可以觀想自己是觀世音菩薩，或觀想觀世音菩薩在你頭上，和根本上師無二無別，是你最具虔敬心的根本上師。他的身色是白的，像雪山頂峰十萬個太陽反射出的璀燦白光，袪除了寰宇的黑暗。他有一個頭，代表究竟本性的唯一；有四臂，象徵慈、悲、喜、捨；兩腿跏趺金剛座，表示輪涅不二；他坐在千瓣蓮花上，象徵慈悲，花上月輪則象徵空性。

一雙手合掌於心間，持如意寶，代表菩提心，如意寶能賜予行者勝、共二成就；另一雙手，右持水晶念珠，左持白蓮。水晶念珠象徵無盡的慈悲，就像不斷的線穿過每位眾生的心間；蓮花象徵智慧恆常純淨，綻放於輪迴的泥沼上。同時，如意寶也代表大樂智慧的善巧方便，蓮花則象徵空性智慧的證悟。他美好的身體穿戴報身佛的絲衣珠寶，具足佛的三十二相及八十隨形好。

如同上述的觀想法，以這些觀想來修持生起次第是爲了開展淨觀；也就是說，把自己及一切衆生都看成智慧本尊、所處的環境就是佛的淨土，聽到的一切聲響都是咒音，並了悟一切思想都是覺性的展現。這個淨觀並不是你造作一些清淨概念，來加諸於一切現象之上，而是認知一切現象確實本來清淨，透過各種不同的禪定修持法，可以逐漸圓滿淨觀。剛開始，你可能無法清楚觀想整個觀世音菩薩，所以先觀想他的臉：黑白分明的雙眼，慈悲地凝視一切衆生；美好彎曲的眉形，高挺的鼻樑和燦爛的微笑。接著再慢慢擴展到整個頭部的觀想：完美的頭形和飾物、黃金的頭冠和耳環。漸漸地，再向下觀想身體其他部分和各種裝飾：三串項鍊、左肩披覆的鹿皮蓋住左胸、珠寶的手環及腳環、彩色絲帶、金繡白披肩、五色絲裙。以這種方式慢慢一樣一樣地詳細觀想，漸漸地你就能觀想得很完整。

然後，觀想觀世音菩薩身上的每個毛孔內皆有一淨土。在這萬億的每一淨土中，都有一佛對其聲聞、緣覺和菩薩的眷衆大轉法輪。這些佛所傳的大乘見、修、行，都是以六字大明咒的妙法爲基礎，緣於其傳法的深廣，連一個單字，如「唵」字，歷盡數劫也闡釋不完其意義。在這些淨土中，無一事不純淨；沒有對敵人的怨恨，也沒有對朋友的愛執；所有男衆都是觀世音菩薩，所有女衆都是聖度母，這些淨土都是觀世音菩薩的幻網所化現，即空悲無別的展現。

除了觀想你的身體就是觀世音菩薩的金剛身，也必須觀想外在環境轉變爲觀世音菩薩位於極樂世界的普陀山淨土，有種種不可思議的莊嚴，如珍寶山、甘露河、滿願樹、遍滿虛空的供養雲、唵嘛呢唄美吽的咒音在各處迴響，連「苦」字都不曾聽過。

觀想本尊的金剛身時，你不能認爲他是由血、骨、肉等實物所構成，而是像彩虹一般燦爛、光彩、明晰，卻毫無實質。這即是觀世音菩薩本性的空相，沒有不淨和實質成分；觀世音菩薩完全不受五蘊[①]所染污。五蘊的匯集即是自我概念的源起。

開始時，無論你如何精進，都可能會發現要掌握所有細節的觀想頗爲困難。若是如此，只要生起你就是觀世音菩薩的明確信念——不是心理造作的結果，而是本來如此。如果你觀想觀世音菩薩在你頭頂上，只要有信心他就在那裡，清楚覺知他的存在，假以時日，一次又一次地專注於每個細節，你會漸漸熟悉整個觀想，直到

①五蘊：五種生理心理的蘊集或過程，賦予有情衆生特性：
1）色：客體對心初次顯現的方式。
2）受：對客體性質好、壞或中性的認知。
3）想：對此認知的量估。
4）行：想執取愉悅、拒絕不悅的衝動，由此累積業力。
5）識：覺知其他四蘊並經驗痛苦者。
　　亦見原頌第55偈至第59偈。

它變得相當自然，好像一個你曾經住過很長一段時間的地方，所有細節都能完整地在你心中顯現。

當你對觀世音菩薩的觀想變得清楚穩定時，再觀想他的身體放光到十方①，供養無量淨土中的諸佛菩薩。這些光回返，帶回所有覺者的加持，融入觀世音菩薩，使其變得更加燦爛光輝。他再次放光，照向一切衆生，遣除他們的痛苦，將其安置在大樂的智慧中，並轉化他們爲男、女菩薩，整個宇宙變成完美淨土。

當你在禪觀觀世音菩薩時，俗念將止息，心會安住在寧靜上。接著，如果你注視心的本性，就會開始明白本尊和空性在本質上是相同的。這樣的了解將擴展爲對一切現象本性皆空、故全然純淨的了悟。一直保持這樣的了悟，即是所謂無盡清淨的生起次第。

①十方：羅盤上的四個基本方位，和四個中間方位（東北、東南、西北、西南）及上、下。

金剛語

32.

念誦修法降咒皆戲論；
融攝一切六字即法音。
一切音聲無異觀音言；
聲空不二如咒誦嘛呢。

咒語是金剛乘修行的要素之一。咒語是梵文，在聲音的範疇裡，其重要性等同於形相範疇的本尊觀想。有許多不同類別的咒語，包括明咒、密咒、陀羅尼咒，也有近咒（mantras of approach）、修咒、成就四種事業咒。

但沒有任何咒語被認爲勝過嘛呢咒。它不僅包括了所有咒的功用，也涵蓋了其他咒所有的力量和加持。如偉大的噶瑪．恰美（Karma Chagme）[①]等過去博學的聖哲們，無法在佛經中找到任何一個咒，比嘛呢咒更具利益、更精要、更容易修行，所以他們將嘛呢咒當做主要修持。即使只聽聞嘛呢咒，便能夠從輪迴中解脫。例如，有個故事說：

五百條蟲正在一個惡臭不堪的坑裡掙扎，觀世音菩薩有感於牠們的痛苦，於是化身爲一隻金蜂，發出嘛呢咒的嗡聲從坑上飛過，這些蟲一聽到六字大明咒的聲音，就完全解脫了痛苦而轉生天道。

嘛呢咒不是一串普通的字，它包含了觀世音菩薩所有的慈悲和加持；事實上，嘛呢咒就是觀世音菩薩的音聲形式。現今由於我們的業障，使我們不能眞正在其淨

①噶瑪．恰美．惹嘎．阿雅（Karma Chagme Rega Asey）：偉大的聖者和掘藏師，兼具紅教和白教傳承。其著作，尤其是對閉關修行的教授，一直是激勵許多修行者的根源。

土親見觀世音菩薩；但我們所能做的，就是聽他的咒音，持誦它、讀它，以金色的字優美地寫下它。因爲咒是本尊的心要，和本尊無分別，所以上述這些行爲會帶來大利益。六字大明咒是觀世音菩薩六度的表現，如同觀世音菩薩所說，無論誰持誦六字眞言，都將圓滿菩薩六度，並淨化一切業障。

爲了持誦這個咒語，先如前述盡可能清楚生動地觀想觀世音菩薩。觀想觀世音菩薩心中有一朵六瓣蓮花，上爲一滿月輪，月輪中央立有一種字「啥」，周繞「唵嘛呢唄美吽」六個字，像一串珍珠般順時針圍繞，咒鬘放出萬丈光芒，供養極樂世界、密嚴淨土及其他一切無數淨土。每道光中都帶著許多供養物，例如八吉祥、八珍寶、輪王七寶、滿願樹、寶瓶等。廣大的供養雲遍滿虛空，供養每個淨土中的諸佛菩薩，由於諸佛接受了供養，你累積了功德和智慧。

所有的光回返，以甘露的形式帶回諸佛身、語、意的加持及相隨的智慧、力量和慈愛，一起融入觀世音菩薩心中的咒鬘。觀世音菩薩變得更光輝耀眼，好似藏紅花水洗淨過的黃金。

再一次地，無數道光由咒鬘射出，遣除了所有六道眾生的痛苦：地獄的焦熱及刺骨嚴寒；餓鬼道永不滿足的饑渴；畜生道的愚癡、奴役和受虐；人道的生、老、病、死；阿修羅道的嫉妒及宿怨；天道由歡愉迷人的善妙世界，最後墮入三惡道時所經歷的劇苦。這些痛苦都被咒鬘放出的光驅除，如同朝陽消融了冬天草地上的凍霜般，所有眾生都轉成觀世音菩薩：先從你周邊開始，到最後整個宇宙都變成普陀山淨土。

以這種方式利益一切眾生之後，所有的光收攝回己身——觀世音菩薩。你身上每個毛孔都含有無數淨土，每個淨土中都迴響著六字大明咒咒音。它的聲響遍滿虛空，就像打破的蜂巢飛出的數百萬蜜蜂群聚所發出的嗡聲。嘛呢咒音遣除了無明，降伏了一切魔，咒音將聲聞眾由禪定中喚醒，帶領他們進入大乘道；咒音供養菩薩，勸誡他們繼續利益眾生；咒音囑咐護法護持教法，增進一切利樂。

風聲、流水聲、火的噼啪聲、動物的叫聲、鳥的歌聲、人聲——宇宙中的一切音聲——都是六字大明咒振動所自然生起的法音，聲空不二和無生法身的迴響，透過持誦金剛語瑜伽的修持，你將不費力地證得共與不共成就[1]。

[1]共與不共成就：共成就是長壽、健康、財產等，以及示現神通的能力。不共成就是成佛，完全證悟了本俱的佛性。

金剛意

33.

二障分別心息修證增；
懷控心力調伏敵魔障。
今生勝共成就觀音賜；
四種事業任運誦嘛呢。

沒有任何形式的個體是眞實永久的存在。輪迴和涅槃的一切現象——即使是看得到的本尊形象，聽到的咒語音聲——都是心的投射。如果追尋這個心的本性，你將發現如同《般若經》上所說的：

心，
心不存在，
其相爲明。①

我們一般所稱的心，是染污的心，是被貪、瞋、癡激起的狂亂思緒。此心不是證悟的明覺，總是被一個接一個的妄念帶著跑。當我們與敵、友不期而遇時，瞋或貪的念頭被這些情境觸動，馬上毫無預警地生起。除非

①此《般若經》的引文，乃佛陀三轉法輪的簡明摘要。
1)「心」是覺性的迷妄面。在初轉法輪時，佛陀教授了四聖諦：苦；苦因是具煩惱的自我；以佛法之道來對治；其果為苦的止滅。
2)「心不存在」指其空性。二轉法輪時，佛陀教示萬法，包含心在內，皆空而無實存。
3)「其相為明」指心的明性和覺性。三轉法輪時，佛陀教導空性並非空無一物，而是遍滿了佛性智慧的特質。

初轉法輪談世俗諦的因果，或心、物萬法的緣起關係；二轉法輪論及勝義諦和世俗諦的部分面向；三轉法輪則談勝義諦。

馬上用適當方法加以對治，不然它們就會很快生根茁壯，增強心中瞋、貪的習氣，孳生愈來愈多的業力。

但不論這些念頭是多麼強烈，它們只是念頭，終會融入空性。一旦你證得心之本性，這些看起來忽隱忽現的念頭就再也不能愚弄你了。如同雲一般，出現一會兒，復又消散在虛空中；同樣地，妄念生起後，持續了一會兒，又消失在心的空性中。在實相中，根本不曾有事發生。

當陽光照在水晶上，會現出許多顏色的彩光，但並沒有任何實物可以抓取。同樣地，各式各樣的念頭──虔誠心、悲心、惡意、欲望──完全沒有實體，這就是觀世音菩薩的心。沒有一個念頭不是空性。如果在念頭生起的剎那能了知念頭的空性，念頭就會消失，愛執及怨恨永遠不能擾亂你的心，煩惱會自行崩解，惡業不會累積，也就沒有隨後的痛苦。這就是四種事業中的第一個──「息災」的最高成就。

如果你修行身、語、意的瑜伽，不受念頭所縛，此時觀世音菩薩的慈悲和你本具的佛性便開始接合而融爲一體。禪定的覺受將伴隨著虔誠和悲心而增長，如同陽光透過放大鏡聚焦而增強力量。這就是第二事業──「增益」的最高成就。

一旦你明白輪迴和涅槃的一切現象都只是心的造作，心的本性是空性時，那麼要把不淨觀轉化爲淨觀就不成問題——所有現象本具清淨地揭顯。一般而言，這種了悟可以使你隨意控制一切現象，特別是聖者的十自在（Ten Powers）①——控制物質的能力、控制生命的能力、控制業的能力等。俗話說：「**能掌握己見，就能掌控一切現象。**」你一旦從妄念的勢力中解脫出來，就能隨心所欲地轉化五大，支配無竭的虛空寶藏②。偉大的上師龍樹菩薩曾在印度的一次大饑荒中，將鐵變成黃金，不僅讓整個僧團度過饑荒，還蓋了許多新寺院③。過去八十四大成就者所顯現的各種神通是可能的，因爲他們已證得空性，並從妄念中解脫。最後能掌握證悟的本具能力，也就是第三種事業——「懷愛」的最高成就。

一旦你調伏了妄心，就沒有何處可匿藏邪靈或惡魔。一旦你充滿菩提心，從前認爲是邪惡及障礙的力量，此時都被認爲是上師的化現，藉此增強你的慈心和悲心。因此，痛苦會消褪，而惡魔、障礙和困難會讓你的修行更進一層，這是第四事業——「伏誅」的最高成就。

經由生起次第的修行——觀想觀世音菩薩並持誦嘛呢咒——你將了悟觀世音菩薩的智慧。由這點了悟的火

①十自在：命自在、心自在、資具自在、業自在、受生自在、信解自在、願自在、神力自在、智自在、法自在。

②「虛空寶藏」指能夠依據衆生所需而變現物體，猶如自天而降；此乃「資具自在」範疇中的能力之一。這類操控物質的能力，將隨偉大瑜伽士的證悟而來。

③往昔摩伽陀國（Magadha）曾受到嚴重饑荒的侵襲，長達十二年之久。薩惹哈（Saraha）請求龍樹菩薩供養當時缺乏一切必需品的那爛陀僧衆。龍樹菩薩決定找出製造黃金的方法。他拿了兩片檀香木葉，並念誦適當的咒語，讓其能馬上載他到任何想去之處。他握著其中一片，將另一片藏在他的草鞋底，跨海來到一處住著著名煉金師的島上。龍樹菩薩請這位煉金師教他如何煉金。這位術士知道龍樹菩薩一定是用某種祕密奇技渡海，而想得到此密法，於是說：「我們應該同意交換自己的手藝或財富。」龍樹菩薩答道：「我們交換手藝好了。」於是將手中那片葉子給了術士。術士心想龍樹菩薩這下子沒辦法離開此島了，便教他如何煉金。但當龍樹菩薩學到了術士的密法後，就用藏在鞋底的另一片葉子返回印度。回到那爛陀後，他將大量的鐵鍛鍊成金，提供僧團一切所需。

花，智慧會像火燎森林般蔓延開來，這是圓滿次第的精華。透過這個修行，心得以調伏，並成就四種相應的事業：障礙、惡行、疾病和痛苦都止息；壽命、功德、財富和智慧皆增長；人們、思想和內在能量將無扞格地聽命於你；一切惡魔、敵人、障礙及內魔——煩惱，皆得調伏。

座下禪定

為了完全體會金剛乘的深奧意義，一切時中的持續修行是非常重要的，不單是座上禪修而已。座上和座下的修行可以分開。如前所述，座上禪修的目的是為了建立穩固的「見」，視一切現象為本尊身、一切音聲為本尊咒語、一切念頭是法身，並證得心的究竟本性，明空不二。現在，在座下的時間裡，無論你做什麼，都必須保持這種見，不能重墮入日常的習氣中。為此，你必須開展在座上禪修所得到的體悟，依此方式，將你的所有行為和金剛乘的見、修、行連結在一起。

34.

食子酬獻賓客立解脫；

隨處供造顯空之「擦擦」；

本性怙主無別處頂禮，
圓滿佛行事業誦嘛呢。

在座下的時間，確定你所做的每件事都相應如法，這會幫助你加深對見的領悟。如果你一結束禪修，就開始做別的事，放任念頭繼續滋生，直到完全被妄念帶走爲止，那麼你的禪修將不會有進步，並且會發現自己不斷地在對抗各種障礙，像是昏沉、掉舉或狂亂的心念。所以只要一有空閒，就做大禮拜、繞行聖地、做食子[①]供養或塑造小佛塔。總之，只做眞正有意義之事。

①食子：以麵粉、陶土或珍貴物質製成的立體象徵物。視情況可當做供品、本尊壇城、除障武器或接受加持力的來源物。

食子供是爲了供養四衆，即通稱的四種「賓客」：即值得尊敬的三寶和護法，以及需要慈悲對待的一切衆生和冤親債主。適當地供養用陀羅尼及咒語加持過的食子，將帶來無窮利益；也有關於水供食子的教法。將食子供養三寶，可累積福慧二資糧；供養護法，可取悅並囑咐他們成辦事業；供養一切衆生，可減緩他們各種不同的痛苦，並撫慰受饑渴之苦的鬼靈；供養一切冤親債主，可清償我們過去生中所積欠的業債，從疾病、邪魔作祟和各種障難中解脫出來。

「擦擦」（tsa-tsa）通常是用黏土塑成的小佛塔[②]，象徵究竟的佛心，即法身。偉大的班智達阿底峽尊者曾

②佛塔：象徵佛心——法身的幾何結構物，依佛身的比例而造，內藏聖者舍利、壇城、手寫咒語、祈請文和擦擦。

經每天親手做三個小佛塔，他認爲這是非常有利益的事業。如果你沒有時間製作泥塑小佛塔，也有關於如何使用地、水、火、風四大元素製作「擦擦」的教法。供養「擦擦」是另一種成就二資糧的方式。

如果你不能做物質的供養，可以將宇宙中最美的事物，如日、月、花、香、鳥語等，當做意供。與其用物質的食子供，你可以觀想自心是觀世音菩薩，自身是純淨的智慧甘露，用以供養上述的四種賓客。

不論觀世音菩薩是你獻供的本尊、禪修的主尊，或禮拜虔敬的對象，都將產生無可計數的利益。然而如同前述，一切現象都是心的投射；獻供者，供養的本尊及供物，無論如何都非實體的存在。所以當一位偉大的菩薩修行布施及其他五度時，他了知這一切行爲無非幻術或夢境。他行廣大的供養、累積無量功德，但同時也完全離於執著、驕慢或矜恵。

35.

以慈武器調伏瞋恚敵；
以悲方便養護六道眷；
信心田裡耕種證悟稼，
圓滿今生事業誦嘛呢。

依照世俗的價値觀，征服敵人、保護家庭、變得富裕興旺，是構成美滿幸福人生的要件。但身爲佛教徒，我們應該試著征服自己的瞋心，而非敵人；多留意自己的耐心，而非家庭；多投資在慈愛，而非物質的財富上。

俗話說，再沒有比瞋恨更大的惡，也沒有比忍耐更大的善。一念瞋心，足以毀掉無量劫的功德，並導致地獄道中無以復加的痛苦；忍受傷害你的人，並誠摯希望他們快樂，將帶你迅速踏上諸佛成就之路。

了知你的敵人在過去世曾爲你摯愛的雙親，除了深愛他們，再沒有更好的方式來對待他們；也沒有比修持佛法並把功德迴向給所有衆生更好的方式，來撫養你的親人和照顧他人；亦沒有比在信心和精進的土地上播種，可以成熟更好、更豐收的功德與智慧碩果。

俗話說得好：「只有慈悲能降伏邪惡。」所以面對世上的所有困難，持誦嘛呢咒，祝禱被怨恨淹沒、只想傷害、殺害和破壞的一切人與非人，都能被慈悲感化而發起無上的菩提心。

慈心之力可降伏瞋恨的例子，可用佛陀遇到魔王的故事來說明。在佛陀成佛的前夕，他坐在印度金剛座的菩提樹下，魔王的大批魔軍黑雲壓境地環伺著，怨恨、嫉妒地叫囂著。他們對佛陀吼叫辱罵並投擲武器，但佛陀依然保持安祥，洋溢著慈愛，因此他們的辱罵轉為悅耳的旋律，投射的毒器變成了花雨。以慈愛為武器，你將能消滅任何暴戾，面對敵意和瞋恨時，也只會增長你的菩提心。

慈心表示不斷地想著，若是人們能夠從痛苦中解脫、享受快樂，是多麼美妙的事啊！這也意味著在言語和行動上力行，試著讓它真正付諸實現。有一次阿底峽尊者的一隻手痛得很厲害，他把這隻手放在仲敦巴（Dromtönpa）的膝上說道：「請加持我的手，因為你非常慈愛，慈愛本身就能解除這個痛苦。」

無數眾生在輪迴中徘徊，完全迷失自己，亟需你的幫助。因為在過去世中他們曾一次或多次是你摯愛的雙親，你必須幫助他們。但如何幫呢？即便你能供給金錢和慰藉，也只能使他們的痛苦得到短暫、不完全的緩解。仔細想想，在一切可能幫助他們的方式中，再沒有比佛法更有益的禮物了。因為那不僅能在今生幫助他們，還可使他們來生免於墮入三惡道，終能證悟成佛。

你發願所含的對象愈廣，功德愈大。無論你做什麼，都祈願圓滿所有眾生現前的福祉和究竟大樂，以觀世音菩薩為追隨典範，那時便可稱得上是「圓滿今生事業」了。

36.

執實舊屍無執火焚盡；

世俗做七修持法心要；

煙供迴向逝者來世福，

亡者善行圓滿誦嘛呢。

在西藏，人死後，習慣要將屍體荼毘火化，並爲亡者舉行連續七週、七天一次的獻供法會。但身爲一個佛法修行者，當某人死時，你能做的最有利益之事，便是禪修佛法的精義，並將此功德迴向給亡者。

此佛法精義、佛法的心要，就是任何事物沒有「我」的存在。輪迴之樹就是根植在相信有一個我，根植在執著事物爲眞，根植在「我執」。一旦這種執著被智慧之火燒盡，整棵樹及所有妄念的枝幹、貪瞋的繁茂枝葉，也被燒得一乾二淨。

沒有這種了悟，只爲了錢財或炫耀的法會，只會延誤你的修行，最後成爲一個大障礙。了知財富和權勢畢竟是空，保持無疵的生活方式，全心投入修行，對此生就如同對屍體一般沒有任何貪執。生命充滿不確定，就像泡沫隨時會破滅——沒辦法確知到底是明天早晨先來，還是死亡先到。事實上，每一次的呼氣都無法確定是否能再次吸氣。

如同在喪葬期間，每週定期爲亡者做七一樣，在你的生活中也有兩個修行應每天早晚規律地遵行。每天早上要發菩提心，並祈請整天都不會忘記爲他人的福祉著想。每天晚上回想白天的所思所爲，反省有多少是緣於悲心，有多少是出於自私；在你決定什麼該做或不該做之前，先審視你最細微的心態和意圖是很重要的。千萬不要認爲小動作沒關係，因爲最細小的惡行可以引發一連串毀滅性的結果，就像星星之火足以燎原。相反地，如同涓滴之流也能快速注滿大水壺，一個小小善行匯入其他眾善時，累積的成果很快就變得可觀。若能以此方式承認己過、眞誠懺悔，決心從現在開始去除自私的想法和行爲，迴向善行的功德給一切眾生，決心增長更多的悲心，並透過常保覺知和檢視自己的行爲，漸漸地行爲就會愈變愈好。

過去有一個偉大的聖哲，賢明的札汗（Drakhen），決心要消除他所有的缺點。白天裡，每當他生起一個惡念，就在身旁放一個黑石子，生起一個善念就放一個白石子。一天下來，他數有多少黑石子，有多少白石子。

剛開始，石子全是黑的；但過不久，由於持續警覺，他做到每天的黑石子和白石子一樣多。最後，當他完全馴伏心性時，只剩下白石子。你應該像他一樣鍥而不捨，直到沒有任何行爲牴觸法教爲止。不要忘記以這種方式淨化自己，保持利益一切衆生的意願是非常重要的。

如果我們堅持夠久，就能夠做任何事情。曾經有個富人去見佛陀，他連一點小東西也捨不得給人，因吝嗇而受苦。爲了讓他習慣布施，佛陀教他把他的右手想成自己，左手想成別人，當從一隻手遞小東西給另一隻手時，就當成是在送禮。當這個守財奴以這種方式逐漸習慣於施予的想法時，佛陀告訴他把水果、穀物等小東西送給他的妻子和小孩。然後佛陀告訴他要行救濟，先是給鄰居的窮人，再來是遠方的貧者。最後，他終於能夠把他所有的財富、衣服和食物布施給全區的窮人。這時佛陀告訴他，他已成就了眞正的布施。

同樣的訓練也可以用來發展或消滅任何善念或惡念。例如，可用這種方式來培養虔誠心，直到你的心只充滿對上師的憶念，自動覺得無論發生任何事，一切都是上師的安排。甚至對他的回憶——他的聲音，他的手勢——你都會熱淚盈眶。當這種眞正的虔誠心生起時，注視它並了知心的本性是無色無相的。

37.

虔誠之子入修持法門；
出離之子掌世俗家業；
慈悲之女嫁三界新郎，
生計職責圓滿誦嘛呢。

一般人會盡最大的力量來扶養子女，爲他們尋找好姻緣，讓他們繼承財富和家產，示範要如何關照親友、征服敵人，就如同歷代祖先所做的一樣。但父母一直期望孩子所得到的這種成就是短暫的，終歸是有害的。做爲一個佛法修行者，你應當追求的是在心中生出不可動搖的虔誠之子，好好經營你的修行家業。

由於害怕家道中衰及香火中斷，多數人都想生兒育女，並儘早讓他們嫁娶。身爲佛法修行者，應害怕修行中斷、浪費生命，而激勵自己在心中孕育出離之子，使他有能力掌控日常的家居生活。當你了解輪迴生活終究無法滿足時，出離心就會誕生了。既然世俗的喜悅只是短暫的幻夢，實在沒有理由期盼成功或害怕失敗。如果你突然致富，也沒有理由執著或驕傲，只要正當、有意義地運用財富就行了；用你得到的任何權力來爲三寶和偉大的上師們效力；用你擁有的任何土地來利益僧團。

簡言之，無論你得到什麼，都用來護持佛法和利益眾生。依此而行，你如夢般的財富和權勢將帶來愈多如夢般的功德，轉而讓你愈接近如夢般的證悟門檻。

一般的父母都期望女兒能嫁到有錢、有地位的好家庭。同樣地，基於對眾生的大愛與仁慈，你應該毫不猶豫地把累積功德的女兒嫁給利益眾生的新郎。如果你具備了珍貴的菩提心，你自然會過著眞正有意義的生活。因此以悲心增進你的所有行爲，淨化你的染污，迴向你的功德給一切眾生，請持誦六字大明咒。

圓滿次第

38.

所顯皆妄是故非真諦；
輪涅唯分別心無有他。
了悟妄念立解圓十地；
嫻習解脫訣竅誦嘛呢。

心之本性

現在談到的法教屬於大圓滿部分修持教法中的一種，超越任何概念的圓滿次第修持。

在《三摩地王經》(*Samādhirāja-sūtra*) 中說：「我們應該了解，從無生的見地來看，我們覺知到的所有事物——我們的身體、房子、車子等，沒有一樣是眞實存在的。」如果你仔細觀察每件事物，你將找不到它開始存在的那一點，或它繼續存在的那一刻，乃至停止存在的時間點。一個特殊現象的產生，純粹是由於一連串因緣的連結，如同陽光和夏日雷雨的結合產生了彩虹。如果你能夠全盤確信整個不斷顯現的外在幻相其本性爲空時，就是最終的圓滿次第。

我們凡夫相信輪涅的一切現象是先有開始，然後以某種方式存在一段時間，最終停止存在。但如果我們運用中觀的邏輯來深入分析事物，在任何現象中連最微小的粒子都不復存在。一旦我們了解這點，就很容易放下輪迴，亦不受涅槃吸引，因爲這兩者也不過是分別心的投射罷了。以佛的眼光來看，即使是功德的累積和六度的修行都沒有任何本具的實質。

無論我們多麼願意相信事物是恆久的，但事實終究不是如此。昨日的快樂轉為今日的憂傷；今日的眼淚變成明日的歡笑。由於不同的因緣成熟，善業惡業、快樂痛苦等煩惱隨之成形，但一位覺者視世間如幻，對我們來說如此眞實的世界，在他們眼中不過是像海市蜃樓或昨晚夢裡所征服的王國一樣。因為我們如此深信物質世界眞實、可觸知的存在，而對事物有著強烈的愛憎。除去了這種信念，我們的心就不會受制於這些妄念，也就不會有輪迴。

凡夫之心就像躁動的猴子般反覆無常。給牠一些食物，馬上就高興起來；當我們拿起棍子要打牠時，又突然變得兇猛。每一瞬間，心都不停地想到新事物。這一刻也許我們虔誠地想起上師，下一刻又渴望某件事物。這一連串的念頭和心境不斷改變，就像風中千變萬化的雲朵，但我們仍把它們看得十分重要。一位瞧著小孩玩耍的老人，十分清楚遊戲進行得如何都不重要，遊戲中發生的任何事既不會讓他得意，也不會令他煩亂，但孩子們卻把它看得很嚴重。每當我們遇到痛苦，就像小孩一樣覺得難過沮喪，往往不能視其為過去惡行的如夢業果，好趁此機會來代他人承擔受苦。我們會認為自己做了這麼多的修行，實在不應該有這些痛苦，開始懷疑上師和三寶的加持。這種態度只會徒增我們的困難罷了。

心創造了輪迴及涅槃，心只是念頭，除此之外無他。當你了知念頭是空的，心就不再有欺騙你的力量。但只要你把妄念當眞，它們就像過去累世所做的一樣，會繼續無情地折磨你。爲了控制心，你必須清楚什麼該做、什麼不能做，還要非常機警戒愼，不斷檢查你的思想、言語和行爲。

心住在身體裡，如同屋子裡的訪客，無論身體遇到什麼，是心去看、聽、嗅、嘗和感覺。一旦心走了，身體只是一具屍體，對於放在眼前的東西是美或醜一點也不在乎；也不會在意被稱讚或侮辱；被織錦包裹時不覺得舒適，被焚燒時也不覺得痛苦，身體本身只是一個物體，基本上和一堆土石並無不同。當身心分離時，介於身心之間的「語」也消失了，就像遁去的回聲。在身、語、意中，意最重要，佛法必須在心意上下工夫。

當你了知心的空性時，攀緣就會消退，你不再被自己的妄念驅使。當一位菩薩在利他時，既沒有要求回報的想法，也沒有要別人讚揚他的仁厚，對於他的善行更沒有絲毫的執著。這就是究竟的觀世音菩薩，也就是慈悲和空性本身。

39.

自心明空不二即法身，

放下無飾本然自性明。

無為獨當一切所作法；

安住裸然明空誦嘛呢。

心外求心根本是徒勞，因為它就在心內。當我們談到「心」時，必須知道我們談的是凡夫心，那個無數念頭的串鏈所產生並維續的迷妄心境；或是在此所說的心之本性——那個清淨、完全離於妄念的明覺空性，一切念頭的本源。

為了說明這個區別，佛陀教導了兩種禪修方式：一種像狗，一種像獅子。如果你向一隻狗擲棍子，牠會追那棍子；但如果你向一頭獅子擲棍子，獅子會追你。你可以隨你喜歡地對狗擲許多的棍子，但只能對獅子擲一次。當你被念頭密集轟炸時，逐一對治每個念頭將會永無止境，就像狗一樣。最好能像獅子，找到這些念頭的出處——明空，在其上波動的念頭就像湖面的漣漪般，但其深處則是純一的不變狀態，安住在那無波動的相續狀態中，持誦六字大明咒。

四瑜伽——專一、離戲、一味、無修

佛教的修行之道可廣泛地分為因乘和果乘兩大系統來加以闡述。因乘包括了小乘及一般大乘，講述五道；果乘即密咒乘，則談四瑜伽[①]：專一、離戲、一味和無修。四瑜伽的教授著重在生起次第和圓滿次第的融合。

①四瑜伽：專一、離戲、一味、無修。此四瑜伽在達波．札西．南嘉（Takpo Tashi Namgyal）的《大手印：心性與禪定精要》（*Mahamudra：The Quintessence of Mind and Meditaion*，香巴拉出版社，1986年印行）最後一章裡有詳細的闡述。

專一瑜伽

40.

依於靜相相續動念斷；
於動相中靜相自性倚。
動靜不二住於平常心；
證悟專一境中誦嘛呢。

一般而言，心有動、靜兩面。有時候，心是寧靜無念的，像一潭靜水，就是靜相。最後，念頭必從中生起，就是動相。然而在實相上，雖然靜中多少有些念頭的活動，但實際上，兩者之間並無分別——靜的本性是空，動的本性也是空，動、靜只是心的兩個名相罷了。

大部分時候我們不曾留意心的狀態，也不會注意心是靜的還是動的；當你禪修時，一個念頭可能從心中生起，例如逛街的念頭，如果你覺察到這個念頭，讓它自行消融，就是念頭的結束。但如果你還停留在不知念頭生起的狀態中，任由它發展下去，就會引生第二念——生起想要休息一下的念頭，霎時你就會發現自己已經站起來並準備去市場了。很快地，許多念頭和想法隨之而起—— 要買這個、要賣那個等。這時你已和持誦嘛呢咒相隔遙遠了。

念頭不斷生起是很自然的，重點在於不要試著阻止，因爲那是不可能的，而是要讓它們解脫。做法就是住於離戲狀態中，讓念頭自生自滅，不與任何他念串連。當你不再持續念頭的遷動時，它們就會不留痕跡地自行消融。當你不再用造作來擾亂靜止之心時，你就能不費力地住於心的本然寂靜中。有時，你讓念頭流動，注視著它們後面那不變的自性；有時，突然切斷念頭之流，注視著赤裸的覺性。

無數的念頭和記憶在心中生起，被我們習以爲常的習氣所攪動。一個接著一個，每個念頭似乎已經消失，但只是被下一個念頭取代；輪到下個念頭，在它讓路給未來的念頭之前，也僅是短暫的現前一念。每個念頭都會重拾前一念的動量，所以隨著時間流逝，一串念頭的影響力也增長了，這就是「迷妄之鏈」。如同我們所說的念珠，實際上是成串的珠子。因此我們也常稱心是短暫念頭的相續，這樣連綿的念頭構成了意識之流——心河，心河通向存在的大海。我們相信心是一個實體，是奠基在不充分的探討上。我們相信今日所見之河和昨日所見一樣，但事實上，河水連一秒鐘都未曾停歇——昨日之河的河水肯定現今已成了海洋的一部分。同樣的事實也發生在從早到晚流過心河的無數念頭上。我們的心河只是許多短暫念頭的相續，沒有一個你可以指出爲心的單獨個體存在。

現在如果我們依照中觀的邏輯來探查念頭的過程，很明顯地，過去的念頭已經死了，就像屍體一樣。未來的念頭尚未出生。至於現在的念頭，也不能說它們有任何屬性，如位置、顏色或形狀等；它們不留痕跡，無處可覓。事實上，過去、現在和未來的念頭之間並無任何可能的接點。如果過去念和現在念之間有任何眞實的連續性存在於其間的話，就表示過去念是現在，或現在念是過去；如果過去眞的能以這種方式延伸到現在，那未來也必定已經是現在了。但無論如何，由於對念頭眞實本性的無知，我們保持這種習性，將念頭視爲不斷的連結、一個接一個，此乃迷妄的根本。正是這個習性，使我們愈來愈被念頭和情緒所控制，直到全然迷亂爲止。

覺知念頭的生起，並平息那些攻擊你的念頭波浪是極爲重要的。例如，瞋是一種極具破壞力的習氣，能毀掉你在其他方面可能擁有的一切美好功德。沒有人喜歡和發怒者在一起；蛇的外表並沒有天生駭人之處，但因爲蛇通常具有攻擊性，只要一看到牠們，就令人心生恐懼、厭惡。不管是人或蛇，如此強烈的瞋恨，只是未曾檢視惡念日積月累的結果。如果在瞋念生起的一剎那，你了知瞋念是什麼，並明白它有多麼負面，你的忿怒就會自動平靜下來，可以與任何人好好相處。相反地，如果你讓第一瞋念引生第二瞋念，馬上就無法控制怒氣，甚至甘冒生命危險也不惜要毀掉你的敵人。

但請千萬牢記，念頭只是諸多因素與短暫機緣和合的歷程。無論念頭好壞，都沒有具體的存在。只要一個念頭生起，你了知它的空性，它就無力產生第二念，迷妄之鏈將在當下停住。如前所述，這並不表示你要試著壓抑心的原創力，或應嘗試用特殊的對治法去止住每個念頭；單單只要了知念頭的空性，讓它們安住在寬坦的心境中，心的純淨本性，質樸不變，就會住於明明不動中。

至於禪定的兩種方式：「止」和「觀」[①]，「止」提

① 止（shamatha）觀（vipashyana），有時英譯為「廣念」（vast perspective）或「寬見」（wider seeing）。

供「觀」的基礎，使「觀」能夠打開心的本性，讓你從煩惱中解脫出來。如果「止」的基礎不穩固，「觀」也不會穩固，你將很難控制妄念。因此修行專一瑜伽，住於不動的明覺中是很重要的。

離戲瑜伽

41.

擇分俗諦確立勝義諦；
於勝義中俗諦互倚現。
二諦無別本然離戲境；
於不造作見中誦嘛呢。

就一般的世俗諦而言，我們可能會接受這個現象界可被分割成許多不可分的微小粒子，但中觀的邏輯則證明，這樣的粒子從未單獨或永久存在。若是這樣，我們怎能說物體是眞實地存在呢？同樣地，雖然我們試著將心分解爲不可再分割的瞬間意識，我們也發現它們在究竟上是毫無任何實體存在的。

了悟這個空性——無任何眞實存在——的相續和遍布，就是了悟勝義諦。這是心的本然狀態，離於任何障礙。在這種狀態下所看到的一切現象，就如諸佛所見般如夢似幻。在這種狀態下，念頭不會引發煩惱或造業；在順境時不會產生驕慢或貪執，遇逆境時則快速轉化為逆增上緣。舉例來說，遇到令你討厭的人，不但不會發怒，反而會幫你生起慈悲，成為一個了知勝義諦與菩提心不可分的機緣。如果你不能放棄對事物的執著，那只是因為你無法了悟其空性。一旦你了悟空性，就不再為如夢的成功驕傲或因如夢的失敗而沮喪。

有些人發現他們身處在美麗舒適、富裕安全的環境下，而有些人卻活在危險惡劣、貧瘠匱乏的環境裡；這些不是偶然也非精心設計的結果。出生在好地方是前世布施、樂於助人及行善的結果；而出生在不堪的生存環境，是因為過去生中攻擊、監禁……等傷害他人的結果。現象並非造物主的傑作，只是許多因緣和合所顯現的產物，就如同雨後陽光照耀，天空現出的彩虹一樣。因此，這輩子你所得到的快樂、健康、富貴、人見人愛，或不快樂、貧窮、疾病纏身、被人輕視，也是你過去累世諸多行為的後果。的確，情器世間的種種只是許多短暫緣起遇合的結果，這就是一切現象是如此無常、不斷歷經變化的原因。

所以當你深入檢視任何事，總會碰到空性，也唯有空性而已；空性是每件事的究竟本性。身為一個在資糧道或加行道[1]上的初學者，我們對空性還沒有真正的體悟。我們知道有煙代表有火，但煙不是火，不過循著煙我們可以發現火。同樣地，空性見和對空性的真正體悟是不同的，了解這點非常重要；但追隨這個見，並逐漸熟悉它，我們將離於任何概念或理論，而達到對空性的真實了悟，這就是對中觀的究竟體解：不可分的二諦、顯空合一。

一切現象的空性就是勝義諦，而它們顯現的方式就是世俗諦。藉著對世俗諦的分析，你將了悟勝義諦，因為勝義諦是一切事物的究竟本性。如果全世界——所有陸地、山脈和森林——都被破壞殆盡而徹底消失，只有遍一切的虛空存留下來，同樣的情形也會發生在當你真正了悟世俗現象並不是以有形的實體存在時：除了遍一切處的空性外，不留一物。但只要你仍然相信世俗諦是堅固的、有形的存在，就永遠無法了悟勝義諦。一旦你了悟勝義諦，你就會明白箇中奧妙——整個世俗現象無窮的展現——無異於一個妄想或迷夢，於為你將無任何的貪執。了悟顯空為一，即是所謂的離戲，或離於一切概念的限制，離於一切造作。

二諦並非兩個分離的個體，像牛的兩隻角般，它們

[1] 五道：於資糧道及加行道時，只對究竟自性有個概念。唯有證得初地，進入了見道，才能見到究竟的、萬法本然的空性。透過修道的進展，此見會加深，變得愈來愈廣大，直至十一地無學道，完全證悟時，即是佛的境界。

只是本性的「顯」相和「空」相而已。先對這個見有了智識上的了解後，再開展對顯空不二的直接體悟和信心。了悟二諦的不可分，是一種甚深的體悟，完全超越任何的智識概念，這就是離戲瑜伽。安住在此見上，持誦六字大明咒。

一味瑜伽

42.

於外相上斷除心貪執；
於心性上外相假穴塌；
心相不二無盡大開展；
證悟一味境中誦嘛呢。

客觀事物向我們主觀顯現的方式，是心的作用使然。事物對我們來說，不管是清淨或染污、好或壞、吸引人或討人厭，端賴己心對它們的感知方式，就像寂天菩薩在提及地獄道時所說的：

烙鐵地基誰人造？
烈火圈圍何由來？

皆因惡念所從生。

事實上，當你的感官接觸到某物時，這個物體所扮演的唯一角色，就是促發你意識的認知作用。從那時起，由於受到宿習和過去經驗的影響，當你的心對此物體有所反應時，整個過程則是完全主觀的。因此，當你的心充滿了忿怒，整個世界似乎成了地獄；當你的心是平和的，離於任何的執著或成見，且無論你做什麼都如法時，你體驗到的每件事都是本然清淨的。佛視地獄如同淨土；染污的眾生看淨土則像地獄。

我們被妄念所染的認知也是如此，就像一個黃疸病人的視覺受到膽汁的影響，使他把白色的海螺看成黃色。由於執著使心將妄念投射於外相上，當心一感知到某物時，就馬上執取那個認知，然後評估它是喜歡的、討厭的或中立的，最後以這個扭曲的認知爲基礎，做出貪愛、厭惡或漠不關心的行爲而造業。

爲了要切斷心的執著，應了知萬法皆空，就像你所見海市蜃樓的水一樣。美麗的形相對心沒有任何利益，醜陋的外表也無從傷害心，斬斷希望與恐懼、喜好與厭憎的繫縛，在了知一切現象無非心的投射中，安住於平等捨。

一旦你了知心的眞實本性，這整個虛構的世俗外相和你對它們的執著就會塌陷，好和壞、淨和垢便喪失其強制特性而融成一味，你將達到如密勒日巴尊者的證悟境界：對鐵與金沒有絲毫分別。當岡波巴供養他黃金和茶時，密勒日巴說：「我是一個老人，不需要黃金，也沒爐子可煮茶。」安住在此見上，持誦六字大明咒。

無修瑜伽

43.

心之自性明空本解脱；
明覺任運心念自清淨。
心覺不二於一明點中，
無修法身境中誦嘛呢。

心的究竟本性是本然明覺（primordial awareness），念頭從中散發，就像光從太陽輻照出一般。一旦了悟這個心的本性時，妄念會消失，如同雲在虛空消散。心的本性離於染污，無生、住、滅；以密咒乘的詞彙來說，就稱爲本然相續之心[①]，或住於當下的離戲（ever-present simplicity）。在佛經中也提到，如《般若波羅蜜多經》中

① 本然相續之心，藏文的gnyug-ma。

所說：

> 心，
> 心不存在，
> 其相爲明。

當你檢視靜相的心、動相的心和這個能了知動靜二相的心，無論你花多久時間去找「心」，除了空，你找不到任何東西：心無形、無色、無體，這是心的「空」相。但心能夠知道事情、感知現象界的無窮變化，這是心的「明」相。空、明不二，就是本然相續之心。

現在，你心的明性被妄念所障蔽，但當此障礙清除時，你會開始揭顯覺性的光輝，直至念頭一生起就立刻解脫的境界，好似水上之畫，才畫下就消失無蹤。以這種方式去體悟心，就會探觸到根本的佛性，此即第四灌頂的修行。當心的本性被了知時就稱做涅槃，當它被妄念障蔽時就稱做輪迴；然而不管輪迴或涅槃，從未與這個究竟的相續分離過。當對明覺的證悟達到爐火純青時，妄念的堡壘將被攻破，可一勞永逸地進駐超越禪修的法身殿。此時不再有座上和座下的分別，證量將不費力地得以穩固，這就是無修瑜伽。住在法身的無盡空中，持誦六字大明咒。

歸結之，專一瑜伽著重在調伏自心，離戲瑜伽建立「觀」，這兩者在一味瑜伽的證量中合而爲一，當此證量不可動搖時，就是無修瑜伽。

密咒乘的四瑜伽和經乘的五道相對應，因此把經乘和密續的見、修、行結合在一起是很重要的。所有不同層次的法教只有一個目的，就是要斷除煩惱，因此它們彼此是完全一致的。許多不同的法教支派反映了不同弟子的需求和不同上師的智慧，實際上是同一條河流。

舉世無雙的達波醫師——尊貴的岡波巴大師，先承事一位噶當派上師，並修習大乘道，後來在密勒日巴尊者足下修行密乘的大手印、拙火和其他那諾六法，成爲噶舉派的傳承祖師之一。偉大的噶當派上師以經乘的修持而聞名，也教導弟子大手印的完整次第和那諾六法等，他們善巧地將這些修行融合在一起。不要忘了，重點不在於我們的修行屬於經乘或密乘、在這個或那個層級，而在於它是用來做爲有效對治執著和煩惱的法門。

〈轉化六根、五毒、五蘊〉

在密乘涵攝各種不同階段的無數教授中，其精華是視一切相爲本尊身、所聽一切音聲爲咒語、了知一切念頭爲法身。以此方式將六根的認知、五毒煩惱和五蘊轉化爲其對應的智慧，並了悟身、語、意即是金剛壇城、本淨的俱生壇城。

六塵──色、聲、香、味、觸、法

色

44.

色即本尊生起次第訣；
美醜與否所執自解脫。
無執心之顯相觀音身，
見色自解脫中誦嘛呢。

心猶如虛空，沒有形體，必須透過身體才能從事各種行爲，使我們走向輪迴或涅槃。即便在中陰階段，也有一個幻身使我們經歷從此生到下一生的各種不同階段。當心與身合一時，我們就能經由感官及其對應的意識來感知這個現象世界。這些感官意識的功能只是純粹認知其相應的對象——色、聲、香等，而不加任何東西。然而，心會在這些認知上多加著墨，如「這是美的」、「那是醜的」、「這可能會傷害我」、「那會帶給我快樂」等。這既非外在物體的形狀，也不是眼睛或視覺產生了這些主觀的闡釋導致業的累積，而是「心」的緣故。美的事物本身並不具備利益心的特質，醜的事物也沒有任何傷害心的天生力量。美與醜只是心的投射，外在物體本身並沒有能力使我們產生快樂或痛苦。例如，看到同一個人，有人覺得快樂，有人卻覺得痛苦，是「心」把這種特質加諸於感知到的物體上。

如此，當客體與六根之一相遇時，便由第六識——意識——產生愉悅或嫌惡的認知。這種扭曲的認知乃是因執著所致，此即造成輪迴的基礎。倘若沒有執著，認知就會解脫爲智慧，這便是涅槃純淨的體驗，在此境界中不再需要排拒愉悅的感受。爲了離於執著，你應該練習了知一切境相爲諸佛淨土，一切衆生爲本尊。以此來看待事物，轉化你對世界的認知爲本淨，得以讓你了悟諸佛淨土的所有功德。

當你仔細分析宇宙中各種無盡現象和一切衆生的本質，你會發現除了空性的相續外，再無餘物。誠謂：「空性的眞理是萬物的眞理。」事實上，是空性讓無盡的現象得以顯現出來。我們所感知到的現象界是空性任運的展現，是淨土，而一切男女衆生是觀世音和度母，此即密咒乘的根本教授。

我們現在被美的事物吸引，排斥任何醜陋的東西；看到朋友就高興，看到不喜歡的人就生氣。這些主觀的反應都是由於心對客體的執著所產生。當我們連魔都可以看成是觀世音菩薩智慧的示現時，執著就能被清淨，再也沒有任何魔能干擾我們的生活或修行了。當我們視一切現象本然清淨，是本尊、咒語及智慧的化現時，一切的感官認知都可以當做修行之道。當我們把由空性中生起的萬物看成是觀世音菩薩的顯現時，便證得了無盡清淨法界（expanse of infinite purity），不再對好壞染淨起分別；一切都是觀世音菩薩的示現，朋友是觀世音，敵人也是觀世音，一切都是觀世音菩薩。

當這種覺受生起時，小心不要抓住不放或感到驕傲。這廣大的清淨不是我們修行的產物，而是事物的眞正本性。金礦中的黃金在與其他物質相混時，其本質從未改變，歷經提煉和鍛造的過程，只是讓它呈現原貌而已。同樣地，情器世間的萬物和衆生本來是空，現象不會被不淨觀所毀損，也不會因淨念而增長，眞實本性一直不曾變異。

如原頌所言，體驗一切外相爲清淨的練習是生起次第的重點，這通常代表了對本尊的觀修。但如果你不能持住觀想的所有細節，那就把世界看成淨土、一切衆生皆具本尊自性就可以了。安住在此體悟中，持誦六字大明咒。

聲

45.

了知音聲為咒持誦訣；
悦耳與否所執自解脱。
無執輪涅原音六字語；
聞聲自解脱中誦嘛呢。

通常聽到讚美、好消息或美妙的音樂會帶給我們快樂；另一方面，當我們聽到對自己的批評、誣控、喜愛之人的壞消息或刺耳的噪音時，馬上就覺得沮喪或惱怒。不是各種聲音本身能製造出這種情緒，而是執著之心所致。菩薩明白心的本性是無生，視一切音聲都是咒音，不論其好壞；讚美不會使他感到驕傲，惡語也不能激起他的怒氣，只會增加他的忍耐與悲心。如果你視一切音聲爲咒音，好或壞的消息將無法干擾你，猶如風不能擾動山一般。事實上，當你聽到壞消息而生氣，只不過是讓自己痛苦罷了，既不能使亡者復生，也不能讓財物失而復得。

一如萬象，聲音也是許多因緣和合的結果，並不能獨立存在。美妙的琴音端賴琴弦的合度，若是一根弦斷了或不調，彈出的音韻就不和諧、不悅耳。仔細深入檢驗任何音聲；天籟、風聲、雷聲、樹葉的颯颯聲、動物的呼嗥、人語、歌聲，都是組成音聲的基本元素，這些聲音的本性都是空性。

種子字「阿」象徵無生本性，是一切音聲的根源，包含了智慧佛的精華。尤其自「阿」生起了六字大明咒。持誦此咒時，要了知一切聲音皆從空性生起，是諸佛之語——咒語——的無盡示現。若此，只是稍做念誦也將孕育成果。這是把一切音聲帶入修行道上的修持。

一般的閒聊是貪執與瞋恨的表露，只會使妄念之輪旋轉地愈來愈快。但持誦咒語會保護你的心，引導你了悟語的智慧本性。所以一切時中持誦六字大明咒，直到它和呼吸合一爲止。

香

46.

知嗅無生圓滿次第訣；
香臭與否所執自解脫。
無執嗅中觀音戒律香；
嗅味自解脫中誦嘛呢。

我們喜歡聞香氣，摀住鼻子避開惡臭。但一切氣味，無論是淡淡的檀香或糞便的臭氣，其本性爲空。了知它們是清淨、無實質的，將它們當做圓滿戒律的芳香來供養諸佛，這樣的供養能圓滿福慧二資糧。既然佛不被二元概念所影響，我們也應該放棄一切好惡的念頭。如此一來，嗅覺的概念就能獲得解脫，回歸其本性。

味

47.

了知味為薈供獻供訣；
美味與否所執自解脫。
無執飲食觀音愉悅物；
味覺自解脫中誦嘛呢。

通常我們喜歡品嘗美好香甜的口味，而不喜歡任何苦澀酸腐、火辣刺鼻的味道。事實上，這只是心執著於美妙或噁心的味道。一旦心了悟這些特性是無生、不存在的，就能了知每種味道的清淨本性。於是飲食成爲薈供[1]的智慧供，一種薈供的修行。

透過薈供的修行，你將積聚功德，克服貪求飲食的習性，並避免落入不當的維生方式。當一切的執著解脫進入本然體性時，便是最殊勝的供養。

①薈供（梵文為ganachakra）：一種根本、固定舉行的儀式與可體驗物質，幾乎見於所有的密咒乘儀軌中，可共修或自修。在觀想壇城本尊時，食物和飲料的供品以意想轉化、淨化為清淨的三昧耶物，獻給壇城本尊化身的上師，隨後由與會者分食，做為破戒的還淨和淨觀境中的慶祝。

觸

48.

了知觸之共性平等訣；

饑飽冷熱所感自解脫。
無執內外觸行本尊業；
觸覺自解脫中誦嘛呢。

我們會分別絲的柔軟與麻的粗糙、瓷杯的平滑與荊棘的尖刺，但就如同其他感官的知覺，觸覺亦無異於白日夢。

一旦你停止區別愉悅或不悅的觸感，讓它們保持在本質相同的空性之中，心就不再老是興奮或沮喪，這便是平等一味的證量，是把苦、樂皆融入修行道的最高修行。渴求輕柔的感覺、不能忍受粗礪的事物，只因執著使然。讓一切執著及嫌惡在空性中沈澱，佛行事業自會任運顯現。

總之，執著於感官的認知使你徘徊於輪迴中，這也就是我們常被教導應放棄一切感官之愉的原因。如果你已經了悟如幻現象的空性，且眞正遠離執著，那麼你的一切感知都可用於修行道上，以積聚福慧資糧，使你的禪定覺受和證悟增上。無論你看、聞、嘗、聽或感覺到什麼，視它如清潭映月或天上明虹——令人目眩神迷卻倏忽縹緲，無法掌握，不具任何實質。以此方式來看待萬物，你的概念絕不會被成見所凝滯或被執著所桎梏。

法

49.

了知萬法皆空見之訣；
心識所取真偽自解脫。
無執輪涅萬象即法身；
念頭自解脫中誦嘛呢。

心把經驗區分爲主體與客體，先是認定「我」這個主體，然後有了「我所」的想法，開始執著於我的身體、我的心及我的名字。當我們對這三個概念的執著愈來愈強，就愈來愈變得只關心自己的福祉。我們爲求得舒適的一切努力，對生活中惱人情境的無法忍受，對苦樂、貧富、尊卑、毀譽的偏見，都源於「我」的概念。

我們常被自我纏縛，鮮少顧及他人的幸福。事實上，我們對他人的漠不關心就像老虎對吃草興趣缺缺。這完全與菩薩的行事背道而馳。自我眞的只是念頭所捏造的；當你了悟到被執著的對象與執著之心兩者皆空時，便很容易明白他人與自己沒有分別。

通常我們會傾注所有精力來照顧自己，菩薩則用於照顧他人。菩薩發現如果他投入地獄之火，即便只是幫

①八地：十地的第八地，此時菩薩進入修道的最後階段。

② 札巴嘉岑尊者（1147-1216）：貢噶・寧波尊者（Jetsun Kunga Ningpo）之子，是薩迦五祖之一。

助一個衆生，也會毫不猶豫地這麼做。八地[①]菩薩了悟輪迴與涅槃完全相同，這是勝義見。偉大的薩迦派祖師札巴・嘉岑尊者（Jetsun Trakpa Gyaltsen）[②]在禪觀中親見文殊菩薩，接受了著名的「遠離四種執著」教授。在末偈中，文殊菩薩說道：「若有執著，即非正見。」寂天菩薩也說：「一切如虛空——這是我必須證得的。」這是顯密共許的勝義見。

我們必須了解空性見，然後體悟之，最後得證。輪迴與涅槃自空性中生起，亦融入空性中。即使當它們現起時，也從未眞正離開空性。所以，若你了知一切現象本性爲空，你將能妥善對應任何發生之事，不論經歷悲喜，都不會有任何執著。

透過空性之眼來看待萬物，眞假的二元概念只存在於彼此的對應中。唯有假存在，才有眞存在；倘若假爲空，那眞亦爲空。因此在空性見中，沒有任何眞實的主張，無緣無執。當一位菩薩穩固地建立此見時，他對涅槃寂靜就沒有執著，因而能化現任何的形相來利益衆生。無論衆生迷失多深，他都有堅忍的信心使他能在無量劫中不斷幫助衆生。他的努力不是爲了自己的證悟，而只是一心想幫助他人走向解脫。

五毒——瞋、慢、貪、嫉、疑

證悟圓滿之見，即完全從五毒中解脫出來。是五毒煩惱讓我們深陷於輪迴，當五毒消失時，五種相應的智慧當即顯現。

瞋

50.

毋隨瞋恚境影觀瞋心，
瞋心現起自解即明空；
明空不外大圓鏡智乎，
瞋恚自解脫中誦嘛呢。

輪迴是如何產生的呢？當我們用五官來認知周遭一切，種種喜愛或厭惡的感覺在心中生起，由這些感覺產生了輪迴。單是對事物的認知，並非造成我們在輪迴中徘徊的原因，而是我們對這些認知的反應及加諸其上的解釋，使輪迴不停流轉。密咒乘的不共特徵是：與其讓輪迴以這種方式繼續下去，不如讓我們養成一切現象是智慧清淨化現的認知。

當你對某人起瞋心時，你的瞋恨或怒氣並非與生俱來地存在於這個人身上，而只存在於你自已的心中。當你一瞥見他，你的念頭便全落在他過去曾傷害你、未來可能會傷害你或現在正在傷害你的種種想法上；連一聽到他的名字都讓你生氣。如果你緊抓住這些念頭不放，怒氣就會爆發出來。那時你會有一股無法抵禦的衝動，要撿起一塊石頭丟他，或抓住某樣東西打他，心裡想著：「我眞想殺了他！」

憤怒似乎非常強悍，但它是從哪得到力量，可以如此輕易地壓倒你呢？是某種外在力量，有手有腳、有武器和盔甲的東西嗎？如果不是，那是在你體內的某個地方嗎？如果這樣，那它在哪裡？你可以在大腦、心臟、骨頭或身上其他部位找到它嗎？雖然不可能找出它的所在位置，憤怒卻彷彿非常堅實地存在著，一種強烈的黏附令你的心凍結成固態，帶給你和他人極大的痛苦。猶如雲朵般毫無實體，不能支撐你的重量或當做衣服穿，卻能使整個天空變暗，遮住太陽。所以同樣地，念頭會障蔽覺性的本然光輝。藉著了悟空——心的清澄本性，便能回復自由的本初狀態。如果你了知憤怒的本性是空，憤怒就失去其一切傷害力而轉成「大圓鏡智」。但如果你不能了知憤怒的本性，任它脫韁恣行，它就無異於地獄寒熱折磨的根源。

人們老是認為擊潰毀滅敵人是一種積極的成就，但毫無疑問地，這並不是佛法的觀點。當怒氣爆發時，不要追著它，轉而注視憤怒的本性。它只是心的空界中一個虛有的揑造。無數世以來，你被自己的瞋恨所奴役，累積了數不盡的惡業。從現在開始，請更加謹慎。記住，憤怒是一切地獄痛苦滋生的種子。根除憤怒，就不再有地獄道。因此，你瞋恨的眞正目標應是瞋恨本身，而非所謂的怨敵。

如果你不追尋憤怒的感覺，如果你不用憤怒將自己與他人隔離，如果你的憤怒能解脫回到其眞正本性，那便是「大圓鏡智」。在此鏡中，他人皆是自身的映照。縱有憤怒的念頭曾在觀世音菩薩心中生起，也只會使他的智慧更加燦亮。再者，當你清楚了解憤怒不可能天生存在於外在事物之上，且內在憤怒之心也非任何有形存在，你將油生一股遍及所有衆生的悲心，特別是對那些飽受憤怒之火折磨的衆生。

很久以前，在佛陀前生中有一世，他是一位示現蛇身的菩薩。一些殘忍的小孩抓到他，把他折磨至死。如果他願意的話，只消看一眼就可以摧毀他們，但因他心中了無半點憤怒而不可能那樣做。相反地，他祈請藉由殺他的因緣，使他們能在未來成爲他的弟子，讓他帶領他們直至證悟成佛。這個勇氣與忍辱的示範，是他完全了悟空性與慈悲的結果。

憤怒是解脫的致命大敵，因爲剎那的憤怒能毀掉累劫以來積聚的善業。所以，消除憤怒是菩薩的主要目標之一。努力持守忍辱戒，持誦六字大明咒。正如所謂：「沒有比憤怒更大的錯誤，也沒有比忍辱更大的戒律。」

慢

51.

毋執驕慢境影觀執心，
執心現起自解即本空；
本空不外平等性智乎，
驕慢自解脱中誦嘛呢。

一旦我們得到某種令人稱讚的特質，如某些特殊知識或技術，立刻生起的驕慢心會損壞任何可能出現的積極意義。我們被貢高我慢所壓制，被自己的美麗、知識、博學及權力所迷惑，完全無視於偉大上師們所擁有的眞誠完美功德。事實上，像我們這樣的凡夫迷失在輪迴的染污中，雖然偶爾有些美德，但肯定遠遜於多數的過失。相較於那些聖者的無量善行，我們的功德只不過是一小點麵粉屑而已。實際上，我們會將善引以爲傲，常是爲了文過飾非。

所以，不管你具有某種有限、不穩定的才華，絕無理由爲之驕傲。諺語說得好：「就像山峰上永遠無法聚水，在驕傲的峭壁上也永遠無法凝聚眞正的價値。」驕慢會阻止你開展虔誠心、智慧和悲心；它阻斷了來自上師的加持，妨礙道上的一切進步。所以，避免驕慢的危險，誠實地自我反省是很重要的。

如果你仔細分析驕慢，會發現任何你感到驕傲的東西並非與生俱來，而是拜你的執取之心所賜。如果你一直堅持謙虛的態度，讓你的心保持謙遜，驕慢會像晨霧一樣消逝。離於驕慢緊攫之心，能一直住於觀世音菩薩的「平等性智」中。

貪

52.

毋耽貪欲境影觀貪心，

貪心現起自解即樂空；

樂空不外妙觀察智乎，
貪欲自解脫中誦嘛呢。

無論你期望從父母、孩子、朋友、財富或財產中得到什麼樣的快樂，它們永遠都無法持久；如果生前不曾失去，最後死亡也會奪走一切。對他們執著是無用的。

當你死時，無論你曾經如何受人稱讚、多麼有錢有勢，都派不上用場。你將徘徊在死亡與投生之間的中陰階段，伴隨你的只有善、惡業。積聚金錢和財產，然後保護、增加它們，是件永無止境、令人沮喪的事。

看到黃金和鑽石會讓我們著迷，馬上就被想擁有它們的強烈欲望所征服。即使我們打算購買如此昂貴漂亮的東西，但我們的執著心卻不會結束，只會增長。我們可能會擔心失去我們所得到的珍貴珠寶，而把它們全放在保險箱裡，甚至不敢拿出來穿戴。在一生的需索之後，我們在中陰階段的經歷只會是極端的恐懼和驚慌。

從事商業、農作或任何行業，其利潤來自他人的損失者，必招致更多惡業。我們對於所擁有的永不滿足，總是試圖得到更多想要的。無數世以來，我們把所有精力都耗在這上面。完全捨棄貪欲，學習如何滿足於足夠維生的衣食，不是更好嗎？

如果你決心修行，心無罣礙地持誦六字大明咒，你會發現自己對日常生活的追求愈來愈少執迷，不再浪費生命。欲望和執著將消融於其本性之中，此即觀世音菩薩的「妙觀察智」。

嫉

53.

毋逐嫉妒境影觀伺心，
尋伺現起自解即意空；
意空不外成所作智乎，
嫉妒自解脫中誦嘛呢。

一般人對任何與他成就相當，或比他高的人都會心生嫉妒。嫉妒不是原本就存在於你所嫉妒的對象上，只是心的捏造。每當嫉妒的念頭生起時，只要了知它為何，並全心地隨喜別人較優異的成就即可。

一旦你任由嫉妒心增長，它們便會過度膨脹。提婆達多（Devadatta）嫉妒其姪喬達摩（Gautama）[1]的故事即是一例。喬達摩成佛後，提婆達多仍一再以各種惡行來與他競逐。他的嫉妒行為多到最後大地在他腳下裂

[1] 即釋迦牟尼。

開，使他墮入地獄之火。在那兒經歷了可怕的折磨後，他後悔哭泣道：「自我心深處，我皈依你，喬達摩！」雖然在後來的某一世，他會轉生為緣覺行者，但在那一世裡，連佛也救不了他。因此，嫉妒是非常嚴重的過失，絕不要任它擺布。

對於他人的成就，你心裡只有極大的欣喜。例如，隨喜某人對三寶的廣大供養，你將積聚與那個人同等的功德。與其沈醉於自己的成就，成為嫉妒的囊中物，不如隨喜他人難以估算的善行，特別是聖者的行為。這便是「成所作智」。

癡

54.

毋附愚癡對境觀癡心，
妄念現起自解即覺空；
覺空不外法界體性智。
愚癡自解脫中誦嘛呢。

在這裡，癡是指我們對自己本俱佛性的無明。從這方面來看，我們就像手中握有一顆珍貴寶石的乞丐，卻不知其價值而將它丢棄一樣無知。由於無明，我們被念頭奴役而不能分辨對錯。由於無明，我們昧於因果法則，並拒絕相信每個行為皆有其後果。由於無明，我們不能接受有前世與來生。由於無明，我們對祈請三寶的善果沒有信心。由於無明，我們不能了知佛法的眞諦。無明是八萬四千煩惱的根本，只要我們不能明白一切事物的眞正本性是空，便堅信事物眞實存在，即是一切妄念和惡念的根源。

無論如何，無明不會像地底洞窟般永久黑暗，如其他任何現象，它只會由空性中產生，而沒有眞實的存在。一旦你了知無明之空的本性，無明就轉為「法界體性智」。這是觀世音菩薩的智慧心──佛性──如來的本質，存在於一切衆生身上。如同佛陀所開示的，緣於無明，使我們相信妄念而不識自身本性。

藉著確立無明之空性，了知無明的愚蠢與迷惑自身即為法界本身。然後，安住在此覺受中，修持見、修、行，此即觀世音菩薩的心髓。

無論何時，當五毒相關的念頭和煩惱生起時，與其讓自己被它們帶著走，不如去注視它們的本性；最後，你將了悟五毒即五智，即不受染污之心的自然狀態。那時，念頭一生起便立即解脫，你將永遠不會失去明覺

——勝義的觀世音菩薩。

勝義的觀世音菩薩無非空性，但在世俗層面上，觀世音有無數的形相以符應衆生的需求。這一切的化現，各種名號、形相及顏色，皆是他智慧的示現，是慈悲與空性創造力的展現。尤其觀世音菩薩化現出五種主要形相，來對應五蘊和輪迴中的五道①。下面的五個原偈，便解釋轉化五蘊爲觀世音菩薩的五相②。

①五道：在此文中，通常將輪迴分成的六道改為五類，把天與阿修羅合為同一道。

②觀世音菩薩的五相：尊聖天王、不空羂索、浚斷輪迴、大悲調伏衆生及調御丈夫海，分別是色、受、想、行、識五蘊的清淨相。

五蘊——色、受、想、行、識

色

55.

色蘊本空無生如虛空；
空性本覺明點即觀音——
無異「聖者尊聖天王」矣，
空性正見境中誦嘛呢。

我們看到空中的彩虹只因陽光和雨水相遇而生。同樣地，我們所看一切形色的無盡變化，僅是許多緣短暫連結的結果；仔細詳查，無一具有任何實質的存在。例如，我們使用「身體」這個詞來指稱一個不斷改變的骨、肉、血聚合體，事實上並沒有一個所謂身體的獨存個體。

是五蘊支撐了一個實存「我」的錯誤概念，而「我」是一切痛苦的根源。一旦我們了知色蘊是空，色蘊即是觀世音菩薩。我們稱觀世音菩薩爲尊聖天王（Sublime King of the Sky），以表達觀世音菩薩形相化現的廣大和周遍。觀世音菩薩身體的每一個毛孔中都顯現出無量淨土，而毛孔既沒有擴大，淨土也沒有縮小。無論如何，觀世音菩薩不是血肉之身，而是智慧的化現，本性是空。了悟此眞理而持誦六字大明咒。

受

56.

受蘊繫縛心物二者鏈；
證悟平等不二即觀音——
無異「聖者不空羂索」矣，
證悟一味境中誦嘛呢。

是身心的結合讓喜悅或不悅、痛苦或快樂的感覺生起。當身體感受到某些細微的疼痛，如荊棘的刺痛，你的不喜歡是因為你相信有一個獨立的「自我」。因而想著：「我……我的身體……我的快樂……我的痛苦。」當他人經歷同樣痛苦時，你一點也不受影響，可以證明你執著於「我」的程度有多深。

此受蘊是一個把你繫縛在三界的枷鎖。受蘊是當你遇到現象界的任何事物時，所生起的基本好惡反應，透過感官與相應意識的作用而產生。如果你檢視它，你會了知它並沒有任何實體。然後，受蘊成為「平等性智」，它的本性不外乎名為不空羂索（Bountiful Lasso）的觀世音菩薩，梵文稱做「阿莫嘎帕夏」（Amoghapasha）。

阿莫嘎帕夏屬於寶部，擁有巨大的力量，僅是聞其名號及咒音就可增長禪定覺受、加深智慧、延長壽命、大大增加功德及財富。事實上，此一具有驚人力量的觀世音面向與你的自性並無差異。透過對空性的了悟，你覺知到輪迴的現象是無盡的純淨時，便開啓受蘊相對的覺醒面時，永具豐盛功德的寶藏，這就是寶生佛。

不空羂索觀音和如意寶的意義相同。像絹索一般，如意寶甚至能號令最有力之神、人，度拔一切眾生到達證悟。當你覺得自己快要墮入煩惱障的深淵時，祈請觀世音菩薩。在最後一刻，當他慈悲的絹索套住你時，你會對他的證悟全知充滿信心。因此，以堅信和專一虔誠心持誦六字大明咒。

想

57.

想蘊執取名相皆妄念；
悲心善待眾生即觀音——
無異「至尊浚斷輪迴」矣，
無緣大悲境中誦嘛呢。

你的心不停地評斷任何遇到的事物，想著：「這會讓我高興，這可能會傷害我。」這個過程的結果，就是你持續渴求可能使你愉悅的事物，而懼怕那些不開心的東西。你心中所做的這些評估，來自於以我執爲認知事物的方式。但現在，與其估算這些事物會帶給你多少的苦樂，你應關注所有無量眾生的苦樂。這將會產生無緣大悲，然後你會了悟此第三蘊——想蘊——是觀世音菩薩的另一面，稱爲浚斷輪迴觀音（He Who Dredges the Depths fo Samsara）。

當你撈浚海底深處，底部的任何東西都會浮上水面。同樣地，觀世音菩薩的慈悲事業會把一切陷於輪迴深處下三道的眾生，提拉到較高的上三道。

即使只爲了一個眾生，觀世音也不辭辛勞。直到時間終止，他偉大的悲心也永不縮減。浚斷輪迴觀音隨時準備好幫助眾生。下面的寓言可茲說明：

很久以前，一群商人出海尋找傳說中的珠寶之島，因暴風雨發生了船難，於是他們棲身在一座住著食人魔的小島上。食人魔爲了控制他們，用魔術把自己變成標緻的公主，以此偽裝來迷住商人，並贏取他們的信任。不久，食人魔所變的公主們就嫁給所有的商人，從此以後，商人被嚴密監管，不准遠離家門。

有一天，商人的船長在沒被發現的情況下，走到不曾去過的遠處，碰巧見到一幢鐵製的大建築物，裡面發出叫聲：「聽著，外面的人！我們也是發生船難而被關在這裡的商人。要小心！你們被愚弄了，你們所娶的公主實際上都是食人魔。他們計畫把你們全部殺掉吃光。」這時，船長才了解他和手下都被騙，成爲食人魔的階下囚。他說：「我們置身在一個可怕的陷阱中，難道沒有法子逃跑嗎？」

這個聲音說：「對我們來說毫無機會，但對你們而言，有一個機會。城東有一座湖，湖邊有一處叫做黃金草的小樹林。每當新月和滿月的夜晚，觀世音菩薩就會以高貴雄馬勝雲（Valāha）的形相出現，從三十三天到此來吃草飲水，並在金砂地上打滾。他會呼喚任何想離開食人魔島到南贍部洲去的人騎到他背上來。我曾聽食人魔公主們說過，任何抓住勝雲鬃毛、拒絕聽食人魔公主虛偽哀求的人，絕不會受到阻撓而能安全逃到印度。」

船長趕快回去告訴同伴他所聽到的事情。他們全都對自己的處境感到膽寒，明白這是重獲自由的唯一希望，並發自內心地向觀世音菩薩祈請。

正如預言，在滿月時，天馬出現，在黃金草的樹林裡安靜地吃草。正當牠要起飛時，牠呼叫商人快點騎上牠的背。食人魔公主看到她們的俘虜正要逃跑，開始哭泣哀嘆。她們把與商人所生的孩子帶出來哭喊著，哀求丈夫留下來照顧可憐的子女，否則他們全都會餓死。一些商人不能斬斷愛執，無法抗拒食人魔太太的懇求而跳回地面。其他人對這些啼泣的哀求充耳不聞，以極大的信心向觀世音菩薩祈請，因而得以安全逃往南贍部洲。

觀世音菩薩的慈悲早已脫離想蘊，平等地施予一切眾生。他將無倦地疏浚輪迴的深淵，直到不留下任何一位衆生爲止。

第一蘊（色蘊）是你對某件事物的最初理解。第二蘊（受蘊）是你對這事物的愉悅、不快或中立感覺。第三蘊（想蘊）是你對此感覺強度的評斷，是強、是中或弱；然後你的心抓住此想蘊並認定它是眞實有用的，構成了其後兩蘊（行蘊、識蘊）的運作基礎。透過五蘊連續的運作過程，產生了一切的痛苦。無論如何，以全然的虔誠心持誦六字大明咒，你可以解開想蘊的枷鎖，自輪迴的陷阱中脫逃。

行

58.

行蘊輪迴業力轉六道；
證悟輪涅平等即觀音——
無異「大悲調伏眾生」矣，
利他一味境中誦嘛呢。

行是基於貪、瞋感覺的驅使而採取行動，因此會累積業力；行蘊是涅槃與輪迴的建築師。自無始以來，你受到行蘊的徹底奴役，累世地徘徊著。如果你了知行蘊的本性爲空，你無盡的行蘊實是智慧的無數切面，就不會再受制於行蘊的管轄。

根據金剛乘的法教，觀世音菩薩是遍布一切壇城的蓮花舞威王（the Mighty Lord of the Lotus Dance）。雖然他在本質上是完全覺悟的佛，示現出無竭的悲心，但他爲了隨順眾生的需求以利益眾生，而以菩薩之身示現。菩薩所做的一切，全是爲了利益眾生，無論在任何情況下，他都沒有自私的目的。這種崇高的悲心帶來了無量的證悟功德，特別是對輪涅一味的了悟。

現在你可能會發現，要認定觀世音菩薩證量、悲心和利他能力的不可思議與廣大功德是很困難的，但如果你能以專一的虔誠心念誦他的心咒，有一天你也會擁有同樣無邊的力量來利益眾生。在心中發願幫助一切眾生，並將所有功德迴向給他們，深信觀世音菩薩會知道你的願心，賜予你加持以帶領眾生圓滿成就。

識

59.

識蘊凡夫心識具八能；

證悟本心法身即觀音——

無異「至尊調御丈夫海」，
了悟自心即佛誦嘛呢。

如果一粒種子來自一株有毒的植物，它長出的根、葉必定是有毒的，甚至能致命。同樣地，無論五蘊何時現前，痛苦必隨之而至。五蘊的首腦是識蘊。是識蘊執著五蘊爲實存，執著樂爲樂、苦爲苦。事實上，識蘊是妄心與妄念。一旦你了知識蘊從未眞實存在，它既不能繼續存在也不會終止，就能從識蘊的掌控中解脫出來。但在你未達此目標之前，識蘊會不斷地鞏固妄念，繼續製造更多更多的業。所以，集中一切的努力以了悟「識」的空性，是爲關鍵。當這種了悟清楚生起時，就彷佛是日出之光照破了夜晚的黑暗。

識蘊的清淨本性，即是被稱爲調御丈夫海的觀世音面向。「調御丈夫」代表佛，已贏得無漏證悟的勝利；「海」指的是無量廣大的諸佛，總匯於觀世音菩薩。祈願有那麼一天，你也能得到如此圓滿的成就：衆生只要聽聞你的名字，就能清淨一切染污，從三惡道中解脫。

了知觀世音菩薩安住於你心中，是相續不變的一體，持誦六字大明咒。

有關身、語、意、法身之四要點

身

60.

執取身相為實束縛因；
了悟顯空如尊即觀音——
無異「至尊空行觀音」矣，
顯空本尊身境誦嘛呢。

由於認為身體是骨肉堅實之軀的凡夫認知，讓身體如磁鐵般吸引苦痛。但藉著觀想、持咒等修行的訓練，你可以學習打破堅實軀體的成見。透過修行來領悟你的身體乃是觀世音菩薩無限無生的智慧身，可以臻至超越痛苦的境界。觀世音菩薩之身如虛空般遍在，既非血肉之軀，也不是塑像般的實物，而是如彩虹般透明，清楚顯現，卻空無任何實體。尤有甚者，觀世音菩薩不只是一個觀想的形象——他是活生生的存在，散發智慧、愛與力量，對任何只做一個簡單的祈請手勢或僅念一句嘛呢咒的人做出回應。

語

61.

聞聲言詮語相妄念因；

了悟聲空如咒即觀音——

無異「至尊獅吼觀音」矣，

了知音聲為咒誦嘛呢。

當你能清晰穩固地觀想本尊身，也能夠如金剛語段落（見第142頁）所述持誦咒語時，將可增進你的修行。觀世音菩薩心咒的第一個字「嗡」，象徵五智，是一個吉祥的字。大多數的咒都由「嗡」字開頭。「嘛呢」的意思是寶，「唄美」代表蓮花，「吽」字則是宣說、迎請觀世音菩薩的遍知。全咒可譯爲：「您，蓮花寶，請賜予您的遍知。」透過六字大明咒不斷重覆的名號，你憶念並迎請觀世音菩薩的無盡功德，彷彿從遙遠之處呼喚他。他會任運地示現慈悲來回應，並圓滿你的一切願望。

爲了加持衆生，觀世音菩薩賦予六字大明咒等同於他自身的力量，這是無生空性的回響。書寫的六字大明咒，能令看到的衆生解脫；念誦六字大明咒，能令聽聞的衆生解脫；如果在心中想起它，也能由憶念而得到解脫；把它穿戴在身上，可由碰觸而得到解脫。如果你習於視一切音聲爲咒，當你在中陰時聽到恐怖的音聲，也不會感到恐懼。藉著此咒語，觀世音菩薩行使廣大無量的慈悲事業。所以，以強烈的虔誠心，把聽到的一切宇宙音聲都當做是咒音的振動，持誦六字大明咒。

意

62.

執實之心迷妄輪迴因；
放下本心離思即觀音——
無異「至尊心性休息」矣，
心性法身境中誦嘛呢。

人們總是說「禪修！禪修！」但除非你已對空性見有了堅定無誤的了解，否則禪修的重點是什麼呢？無法了知心的空性，正是輪迴的根源。當心不受念頭的影響，能住於當下的單純覺性時，就能了悟本具慈悲的空性。

恣意放縱，念頭就會造成整個輪迴。不加檢視的話，念頭便固守其外顯的眞實性，讓這些力量持繫著輪迴。但任何念頭，不論善惡，連最細微的實質都不存在。念頭完全是空的，無一例外，宛若天上五彩斑斕、鮮明亮麗的彩虹，永遠抓不住。不能像衣服穿上，或以任何方式來使用。空性絕不會被任何事物改變，縱使被表面的障蓋所遮蔽也是如此。事實上，那些障礙不是眞的必須去除的東西，因爲當我們了悟其空性時，這些障礙就消失無蹤了。當妄念的染污消褪後，心就會保持自由祥和，自在地安住在本性中。這就是觀世音菩薩名爲「心性休息」（Unwinding in Ultimate Mind）的意義。

虛空從未被雲朵的出現所干擾或改變。虛空既不樂於期盼彩虹的出現，也不因沒有彩虹而失望受苦。不管觀世音菩薩對衆生的慈悲事業是多麼廣大遍布，他的金剛心從未離開過究竟本性。他以無盡的方式對衆生示顯，但在實相上，他從未離開空性法界。

觀世音菩薩與你自心的體性是一體的，不要到他處尋覓觀世音菩薩。爲了徹悟你本具的本性，以不造作、全心的虔誠來請法與領受法教；然後思惟並使它們融入生命中。最後，你將達到究竟的證悟，一切業力習氣與煩惱障礙將消融，你會直接了悟一切現象的空性。屆時，你將可鬆坦在大休息的境界中，遠離輪迴的折磨。

就像一位安詳的老人看著小孩在遊戲，你會以不可動搖的平等捨來看待如幻現象不斷變遷的展現。

如果你很難觀想本尊的莊嚴、放光和其他所有的細節，那麼單純地住於本然狀態的認知中，此即法身的意瑜伽。注視著每件事物，從勝義諦的一味中生起，持誦六字大明咒。

法身

63.

萬象本初清淨為法身；
面見自性法身即觀音——
無異「至尊世間自在」矣，
清淨無邊境中誦嘛呢。

觀世音菩薩及諸佛所示現的各種形相，不管是在報身或化身的層次，皆是從法身的基礎而產生。法身是究竟的法界，超越了任何智識的造作，在其本性中涵攝了一切佛果的證悟功德①。它是無始以來即與我們在一起的本初智慧。此俱生智可透過止、觀的禪修來悟得。「止」能使混亂的心平靜下來，而「觀」開展隨後更為廣大的

①佛果的證悟功德：在彌勒——無著的《現觀莊嚴論》(*Abhisamayālaṁkāra*) 中，將正等正覺之佛證悟的無盡特殊功德與能力分為二十一類：
1）三十七菩提分法
2）四無量心
3）八解脫
4）九次第定
5）十遍處
6）八勝處
7）無諍
8）願智
9）五神通
10）四無礙解
11）四究竟清淨
12）四自在
13）十力
14）四無畏
15）三不護
16）三念住
17）無謬憶持
18）永斷習氣
19）利生大悲
20）十八不共功德
21）三全知
而在《寶性論》(*Uttaratantra*) 中，則分為六十四主要徵象，由下列所組成：
1）十力
2）四無畏
3）佛十八功德
4）佛三十二相

禪觀和甚深了悟。當止、觀無別地融合爲一時，即是法身的證悟。

當你在菩薩道上前進時，持續保持座上與座下的修行，最後你將可達到初地菩薩位，進入見道。所謂見道，是因爲你第一次眞正瞥見究竟眞理——每件事物的空性。然而此空性的證量尙未達到極致，須逐步擴大，依序經過每一地直到最後十地，二障的造作才永遠消失，本初不動的智慧得以完全彰顯。你達到所謂的無修道、佛果的境界，即心與法身智慧心合一。不管是誰臻至此不二的證悟境界，都眞正具現了三界的最高理想。

觀世音菩薩是如來、佛性的精髓，透過念誦其六字大明咒，法身的一切功德將毫不費力地開展。

〈第二篇歸敬偈〉

64.

一尊諸佛總集觀世音，
一咒心要總集嘛呢咒；
一法生圓總集菩提心，
一悟解脫一切誦嘛呢。

釋迦牟尼佛是觀世音菩薩的化身之一；佛法，指引我們何者當避免、何者該培養，全都完美地包含在六字大明咒中；僧伽，是在道上幫助我們的菩薩，也是觀世音菩薩的化身。所以，觀世音菩薩是三寶的合一。正如一座蓄水池收集了無數雨滴般，觀世音菩薩的慈悲也涵蓋了文殊菩薩的所有智慧和金剛手菩薩的所有力量。就是此一本尊、一咒語、一修法，你就能成就一切。

許多本尊有無數的形相：寂靜或忿怒相，一頭、三頭或多頭，有二、四、六或更多手臂，每一種都象徵不同的功德。然而，你可以相信他們全都涵攝於觀世音菩薩一身。同樣地，既然其他無量咒語的一切利益都涵攝於六字大明咒中，你可以全心全意地只持誦此咒語。你的身、語、意與觀世音菩薩證悟的身、語、意本質相同，這是你應該了知的修行精髓。

同時，在成佛之道上一切通往究竟目標的方法中，最重要的便是持續保持並增長廣大的菩提心。根據殊勝噶當派上師的口訣教授，先將心的本性——究竟菩提心——介紹給你，然後你再培養對一切眾生的悲心——「相對菩提心」。

流轉的念頭在實相上是無生的，既不住也不滅。如果沒有這樣的認知，要控制狂野的心是很困難的。以這種了知，當念頭產生時，不去追逐它，安住在心的本然相續狀態中，即所謂的「究竟菩提心」。

一旦你以此方式瞥見了心的本性，你對究竟菩提心的了悟，會因兩種相對菩提心的修持而加深：即爲了一切眾生之故而成就佛果的願菩提，以及眞正將此願付諸實行的行菩提。如前所述，只許願幫助他人是不夠的，你必須像觀世音菩薩一樣，眞正力行利益一切眾生。爲了達成此目標，你觀想觀世音，持誦其咒語，禪修其智慧本性。當你以此方式持續修行，妄念會愈來愈少。當智慧在你身上盛開時，就能使你圓滿自、他此刻與究竟的需求。

第三篇
決心出離輪迴

放下俗務

出離心的主要重點是捨離輪迴中的一切活動而專心修行佛法。

行

65.

往事何用所行輪迴因，
觀見所作了無意趣理，
為此放下諸事甚好矣，
捨除一切行為誦嘛呢。

唯有佛才能數得清你已在無始輪迴中受生多少次，也唯有佛能說輪迴從何時開始。《正法念處經》說，若你能將過去生中曾爲昆蟲時的身體堆積在一起，將會堆得比須彌山還高；若你能收集所有過去因悲傷所流下的淚水，其形成的海將會大過世上的任何海洋。在過去無數的累世中所做的一切只會延續你的痛苦，而不曾帶領你更趨近解脫一步。爲什麼呢？因爲至今你的所有行爲若不是有害的，起碼也是徒勞的。

所有生物都不斷地忙碌著。人們總是忙著和其他人競爭、購物、販售、製造、破壞。鳥類總是忙著築巢、孵蛋、餵養雛鳥；蜜蜂總是忙於採蜜、釀蜜。而其他動物也總是忙著進食、狩獵、警戒、養育下一代。你做的愈多，必須承擔的愈多、倍增的艱困也愈多——到頭來，你一切辛勞困苦的結果，也不會比你用指頭在水上作畫長久。當你承認這些無意義行爲的挫折和徒勞時，就會清楚唯有修習佛法才是眞正值得去做的事。

言

66.

言語何用所說皆廢話，
觀見閒扯引致散亂理，
為此安住無言甚好矣，
徹底斷除言談誦嘛呢。

當人們聚在一起談話時，內容大多言不及義。他們的對話主要起於貪愛和反感，只會增強煩惱。這些毫無意義的談話會擾亂我們的心，讓我們的念頭如風中的紙旗飄蕩不已。

諺語說：「嘴是罪惡之門。」綺語、謊言、惡口、饒舌都會導致無盡的干擾和內在的不平，即使是伶牙俐齒與滔滔辯才也往往只會使我們浪費時間，引起麻煩。這就是爲什麼在密咒乘中說：用一個月時間持咒並且禁語，比花上一整年時間持咒但仍摻雜日常談話更有助益。一如前者般正確修行，沒有其他任何談話的侵擾，持誦的咒語可以保有其全部力量，最後能通達超越語言文字之現見實相（clear vision of the truth），因爲嘛呢咒是不落言詮實相的自然共鳴。如果你藉禁語來排除日常生活中無止盡的閒聊，且只念誦六字大明咒，你的修行將進步神速。

忙

67.

忙碌何用往返疲憊因，
觀見遊蕩遠離佛法理，
為此寬心坦住甚好矣，
安坐閒適悠然誦嘛呢。

東奔西跑只會使我們無來由地精疲力盡。我們總是衝出去看外面發生了什麼事，而捲入外界的種種事端之中。但這些時間實在可以好好用來反觀內心，注意念頭的變動。調伏心念就夠你忙的了。

至今你還在徘徊，迷失於輪迴的六道之中，除了痛苦，所剩無幾。因爲造業和歷經苦果，使你愈來愈遠離佛法。現在如果能在一個寂靜的地方獨自禪修不是更好嗎？憶念殊勝上師，禪修殊勝法教，直到佛法的眞義洋溢心中，是使你這稀有珍貴人身獲得眞正價值的唯一方法。若你能這麼做，縱使時間很短，也是莫大的加持。

食

68.

所食何用飲食排泄因，
觀見食欲永不饜足理，
為此禪悅為食甚好矣，
捨棄一切飲食誦嘛呢。

無論我們吃什麼，不管多美味或多難吃，到最後都會變成排泄物，那爲何還要如此在意呢？最好將這些食物想成一種供養，由此累積功德而不會加深執著。

當你吃的時候，觀想你的飲食是純淨的甘露，先供養三寶。然後再想像諸佛將你獻供的食物賜還，把它當成一種加持來食用。結束用餐時，觀想自身是觀世音菩薩，將你剛才所吃的食物轉成甘露，從你的雙手及全身流出，消除餓鬼道所有衆生的饑渴。如此一來，日常的飲食行爲就可成爲一種累積功德的方法。將佛法融入所有的行爲中，日常生活中的每一部分都可做爲修行，將可豐富我們對法的了解。

爲什麼渴求豪華大餐呢？想要滿足你的渴求，無異於喝鹽水般，愈喝愈渴。看看人們花了多少時間、精力和金錢，只爲貪圖美味的一餐。與其如此，滿足於疏食和止觀禪定——三摩地（samādhi）[①]的禪悅甘露，將帶來更深的滿足，驅除所有的障礙。了知眞味的根源，持誦六字大明咒。

①三摩地：禪定專一，字義為「安住於甚深及究竟之中」；包含止觀的修持。

思

69.

所思何用思慮妄念因，

觀見心願欲成未果理，

今生心思毋縱甚好矣，

徹底斷絕思量誦嘛呢。

不要延伸過去之念或迎接未來之念，住在當下的明覺中，否則妄念的連續是永無止境的。如同智慧尊貴的賈瑟・托美（Gyalse Thogme）所說的：「所有這些所謂的悲喜，就像水上圖畫般，何需追逐它們呢？若你非要思索事情不可，那就思惟聚者必散，成者必滅吧。」

對不可測未來所做的徒勞計畫，可用名月之父的故事來說明：

某晚，農夫在睡覺前，把一大袋剛收割的大麥吊掛在床上的橫樑上。他在床墊上躺直，雙手放在頭後，看著那袋大麥心想：「我一定可以把這袋大麥賣出一大筆錢，用這筆錢我就能夠結個好姻緣，娶到一位良善漂亮的女人……。等我結了婚，我就會有一個可愛的兒子……。呀！讓我想想，我該叫他什麼呢？」他瞥見窗外明亮的滿月，忽然有了一個主意，「我知道了，我應該叫他名月（Famous Moon）……。」但就在此時，一隻老鼠把綁吊袋子的繩子咬斷了，沈重的袋子掉到農夫身上，了結了他的一生和計畫。

不要讓你的心迷失在臆測中。徹底放下此生俗務的一切計畫，並牢記能把握稍縱即逝的每一刻修行佛法，是多麼珍貴的機會。將你的每個念頭都轉向觀世音菩薩。與其屈服在妄念的淫威之下，不如在心中充滿對所有眾生的愛與慈悲；與其無謂地讓自己在試圖完成所有世俗目標中精疲力盡，不如安住在甚深禪定所得的平等捨中。

如是修行，即便短若一小時，都能有效地對治煩惱障，也必能使你在修行道上一路前進。因此斬斷一切希望、計畫和預期，它們只會擾亂心。請持誦六字大明咒。

財

70.

資產何用貪執財富心，
觀見撒手之時迅速理，
為此斷卻財執甚好矣，
捨棄辛勤積蓄誦嘛呢。

財物就像任何物質，注定遲早會消失。財富引起無盡憂慮和各種惡行。俗語說：「富裕增長的同時，苦痛同樣增長。」你可以花費一生積蓄錢財，直到和財神一樣富有，但很快死亡就會奪走一切。想想多少當權統治者和富裕王朝是被陰謀、悲劇、動亂、戰爭和其他招致的苦難所擊倒。

看到有人將珍貴的珠寶視若石頭，短暫把玩後即丟棄，不令人痛心嗎？而更令人難過的是，看到有寶貴機緣修行佛法的人，卻將生命浪費在追求無謂的目標上。若不將此人身用在眞正的目標上，就好比將金瓶拿來裝屎盛尿一般。

不要浪費或誤用這珍貴的機緣。不要將時間耗在積聚根本不需要的事物上。把時間用在精神修持的功德累積上會好許多。

即使只念少許的嘛呢咒或做片刻的修行，都會讓你獲取更多覺者的心要寶藏。了知世間財富不能帶給我們今生或來生的眞正利益，以精進、虔誠和喜悅之心持誦六字大明咒。

睡

71.

所睡何用睡眠僅愚癡，

觀見光陰盡耗怠惰理，

為此全心精進甚好矣，
日夜斷除放逸誦嘛呢。

到了七十歲時，你會花掉七十乘以三百六十五個夜晚的時間，或超過二十年以上的光陰，像具死屍般地沈睡。一般的睡眠不但對佛法的修行沒有絲毫助益，還會增長無明的業習，直到過度的怠惰使我們再度投生輪迴的下三道。因此，最重要的就是捨棄懶惰，集中精力，一心一意修行佛法。

而運用法門將尋常的睡眠轉成修行也是很重要的，能使你在修行道上更爲進步。晚上睡覺前，反省今天做了些什麼，懺悔任何不好的行爲，並下定決心絕不再犯；然後憶念今天所做的善行，將白天可能積聚的一切功德迴向所有衆生，願他們快速解脫。再採「獅子臥」，即右側斜臥，右手置於右頰下，左臂安放在左側上。這是佛陀入涅槃的姿勢。接下來，觀想觀世音菩薩如拇指般大小，坐在你心間紅色四瓣蓮花上放出光芒，充滿全身、房間，漸漸地播散至整個宇宙，萬物都融入這一大片燦爛光明中。保持這樣的觀想入睡。

若你能以此修行方法來利用睡眠，白天的修行與夜晚的修行就能相融不斷。以此類推，你可利用方便法門，轉白天的一切活動爲修行，座下就能不斷融入座上的修行，彼此增長，使你進步神速。日夜精進，持誦六字大明咒。

修行的迫切

72.

無暇無暇閒坐無暇矣！
一旦死亡驟至將何為？
為此即修佛法甚好矣，
當下即刻趕緊誦嘛呢。

你能確定死亡必至，但你卻無法確知何時、何處或如何——甚至有可能就在今天。即使在世上最強大的武力之前，死亡也不受影響；面對最動人心弦的哀求，亦無動於衷；連面對最動人的美色，也毫無反應；甚至面對最誇張的賄賂，也不受誘惑。總之沒有任何東西可以拖延死亡，一刻也不行。當你的時辰到了，只有一件事對你有用：就是你曾做過的佛法修持。永遠要牢記死亡。如噶當派大師所說的：「思惟死亡，會先使心轉向佛法，再激勵你努力修行，最後讓你了悟死亡即法身。」

但死亡的當刻並不是開始修行的時機。現在正是時候——你的心無憂無慮，你的身體遠離病痛。現在就開始修行，就算死亡不測地撞上來，你也已經準備就緒，毋須後悔或害怕。

不要忘了，生命迅速消逝，恰如夏日的閃電或手的一揮。現在你有學佛的機會，不要浪費一丁點的時間在其他事情上，用所有的精力來持誦六字大明咒。

73.

年月日時如何來度計，
觀見當下剎那變化理，
剎那消逝步步近死期；
就在當下現時誦嘛呢。

沒有任何東西能持續不變，每件事時時刻刻都在改變。春天裡種子發芽；到了夏天芽長成莖葉並開花；秋天麥穀成熟，可以收割；到了冬天，大地又開始準備接受下一年的農作。就像一個月分裡有月圓月缺；就像一天之中有日升日落，每件事情都在不停地變化。正午，我們可能看到上千人在市集歡唱舞蹈，到了黃昏，整個場子一片空曠死寂；同時，這些狂歡作樂的人又向死亡滑近了數小時。

就像每一件事總是無情地趨向最後的毀滅，你的生命也像一盞燃燒的油燈，很快就會耗盡。如果你以為可以先完成所有的工作，等退休後再拿下半輩子來修行佛法，這是很愚蠢的。你確定能活那麼久嗎？難道死亡不會找上年輕人，就像找上老人一樣？因此不論你此刻在做什麼，牢記死亡，使心專注於佛法之上。以這種方式持誦六字大明咒。

74.

生命猶如落日漸西沉，
死亡逼近彷若暮影牽。
為此餘生短逝如夕影；
無有閒暇虛度誦嘛呢。

從你出生的那一刻起，就註定會死亡。不論多高明的醫師都不能阻止死亡。死亡無情地向你迫近，就像日落西山的暮影，將萬物沒入黑暗。佛陀曾如此形容，說到神速，有個人可同時抓住由四位弓箭好手射向四方的四隻箭，但死亡來臨的速度比他更快。

有一次，佛陀遇到四位孔武有力、正試著搬動一塊巨石的壯漢。佛陀只輕輕地用腳一觸，整塊大岩石就彈向空中，裂成碎片。這些人十分驚訝，便問佛陀如何得到如此神力。佛陀答說，那是因為他的福德資糧之故。他們又問，是否有人比佛陀更強？「有的，」佛陀說道：「死亡。由於死亡，我將失去具足了三十二相、八十隨形好的軀體。」佛陀總是開示，思惟死亡和無常是激勵佛法修行的最好辦法。

調伏心

75.

六字大明咒雖完善法，
念誦閒聊旁騖不得果；
念誦執著數量不得法。
專一觀照心念誦嘛呢。

六字大明咒具有對治所有煩惱、帶來不可思議利益的力量，但如果你不能正確專注地持誦，它就無法完全發揮效用。如果你在念誦時，常被身體的感覺、觀看其他事物、和他人閒扯或妄想等事情干擾，咒語的力量就會如同一塊沾滿灰塵的金子，其光澤永遠不會被察覺。

即使你能在指間將念珠撥轉地飛快，但這般虛有其表的修行又有什麼用呢？重點並不只是不計代價地累計大量的念誦次數，也是爲了對修行及其目的有更深一層的了解。

爲了得到念誦嘛呢咒的完全成果，保持身體的正確姿勢而不隨意晃動；禁語並只持誦六字大明咒，不說任何一句話；把心專注於觀想上，不要被過去的記憶或未來的計畫所干擾，這些都是很重要的。

發願仿效密勒日巴尊者，捨離日常生活中的一切繁忙事務和無謂干擾，從心裡驅除怠惰和煩惱，全力投入佛法的修行。如果你能如此修行，無疑地你的心續將得到一切諸佛菩薩的加持。

76.

一再檢視覺察自心念，
舉凡所作皆入清淨道。
成百教誡所集此精華；
總匯此一訣竅誦嘛呢。

佛陀法教的要訣在於調伏自心。如果你能調伏心，便能調伏身和語，你自己和別人的痛苦將得到止息。如果你讓心中充滿煩惱，不管你身體所行、口裡所說的是多麼完美，仍離修行之道很遙遠。

透過持續覺察一切思想和行為，可掌握自心。時時反觀己心，一旦有惡念生起，便趕緊用適當的方法來對治；當善念生起時，將此善念的功德迴向給所有眾生，願所有眾生都能達到究竟證悟，藉此來增長善念。在修行止、觀時，住於這持續的正念中，最後即使身處在日常生活的紛擾當中，也能保持智慧的認知。因此正念是治療輪迴一切苦惱的基礎。

佛法的修行可帶你達到不論在座上或座下，都住於相同覺性的境地。這是一切開示的精髓，少了它，不論你念誦了多少咒語或祈請文，做了成千上萬的大禮拜或繞塔，只要你的心仍受到干擾，則絲毫無助於你去除煩惱障。永遠別忘記這最重要的一點，持誦六字大明咒。

〈結頌〉

77.

首篇所説厭離末法行，
此言吾作自我訓誡矣。
吾心深處直感此悲歎；
謹獻予汝望能同悲感。

在此法教的第一篇中指出，末法時期的人們受到行爲和煩惱左右而墮落的程度，顯示世俗生活的毫無意義，並描述人們爲了追求快樂所引致的毀滅性後果。根據佛陀初轉法輪的教授，如果你清楚了知輪迴佈滿了痛苦，那麼出離輪迴的決心就會在心中屹立不搖，成爲修行佛法的基石。爲了使人們轉心向法，巴楚仁波切表達了他對輪迴所感受到的種種哀傷與厭倦。

78.

非此，崇高見修汝具信，

智融出世入世二事業，
自他所欲善巧迎刃解，
若汝皆具容我致歉之。

巴楚仁波切譴責黑暗時期人們混亂和虛矯的行為，不是出於憎恨，而是為了發露和糾正己過。他也希望藉著表白來鼓勵他人，從這時代的妄念中覺醒，並了悟佛法才是唯一解脫之路。

因此，第一篇背後的用意是要我們轉迷惑之心向法。但巴楚仁波切隨後也補充道，如果讀者已超越了我們這個扭曲的時代，得到對佛經和密續中見、修、行的具足信心和成就，心裡總是存著利他的勝念，並成功地將佛法的精華融入世間俗事中，那麼巴楚仁波切要為他冒昧提出這些無關建言致歉。

79.

次言確立根本見修道，
雖則修證經驗吾闕如——
傳承遍智父子寶上師，
教言澤被所知即宣說。

小乘、大乘、金剛乘所有法教的根本架構都在解釋見、修、行。巴楚仁波切謙虛地否認他對這三者有任何內證。實際上，他已經徹底修習、融會了龍欽巴尊者和吉美林巴尊者的大圓滿「父子」傳承。他已經達到完全證悟，並帶給眾生不可思議的利益。在這個論偈中，他無誤地陳述了佛法修道的要點：如何認清妄念，擺脫它的控制，最後轉妄為智。

80.

末言厭離促請修持法，
此說未解語義遺漏失，
然合諸佛菩薩所言教，
付諸實修必得大恩惠。

思惟輪迴無盡的苦楚，將使你對這麼多的苦感到悲傷和厭惡。這種感受將發展為想要從中完全解脫的強烈欲望。決心捨棄輪迴會引導你得到這樣的結論：你能為己、為他人所做的最好之事，就是修持佛法。你可能已經立下了諸多目標，但現在為了自己好，你必須決定哪一樣才是最重要和最迫切的。如果你將佛法視為最重要之事，將會明白修行佛法是不能延擱、稍候再做的。世上有多少人會在下一個鐘頭死去？你能確定自己不會是其中之一嗎？在任何情形下，可以確定的是，不論你能活多久，浪費時間是不會從中得到任何東西的。

81.

此論前中後篇皆善言，
白岩勝利峰之成就穴，
往昔老友懇請難辭卻，
五毒熾盛阿布沙波撰。

在一位弟子不斷祈請之下，巴楚仁波切在札卡策佳（Trakar Tsegyal）①寫下此頌。札卡策佳是位於東藏康區白岩勝利峰的一處洞穴，離西藏和中國古邊界的康定（打箭爐，Datsedo）②不遠。在這個有著高聳白皚峭壁的美麗地方，有很多天然洞穴，巴楚仁波切和五個弟子在此閉關。他也在這裡給了許多教授，此頌即是其一，是他禪定證量的結晶。

①札卡策佳：白岩勝利峰，位於米納（Minyak）和多（Tao）之間山谷的上端，靠近由大成就者嘉帕．奇力．昆桑（Gyaphak Kili Kunzang）所建的嘉帕寺（Gyaphak Gön）。

②打箭爐（藏音）：今日常拼為Tatsiendo（達澤多）。

阿布．沙波（Apu Hralpo）是巴楚仁波切廣爲人知的名字。在東藏俚語裡，「阿布」是一個尊稱。根據文字書寫的傳統，阿布也可詮釋爲「阿」和「布」兩個字的組合。「阿」象徵無生的空性，而「布」意指「兒子」，表示巴楚仁波切對所有衆生的愛，宛如對親生孩子一樣。因爲他對一切衆生的偉大慈心和悲心，他也常被稱做「仁慈的阿布」。

巴楚仁波切則說自己是阿布・沙波，以謔稱阿布這個尊稱。「沙波」的意思是某人穿著破舊衣裳——大多時候他的確如此。事實上，巴楚仁波切可說是一個已經完全把妄念這塊布撕成碎片的人，不再把主、客體當做實存之物。誠如當時的成就者，也是巴楚仁波弟子的堪布賢嘎[①]所形容的：「巴楚仁波切已用智慧火焚盡五毒了。」

①堪布賢嘎：生卒年為一八七一～一九二七年。

功德迴向

82.

吾言一再絮叨又何如？
涵義精深無誤引善德；
汝與我等三界眾生俱——
迴向所願如法皆成就！善哉！

巴楚仁波切爲自己絮絮叨叨這未經修飾的論頌而致歉，好似彈著一把破舊老琴般咿呀不成調。但仁波切仍堅持下去，是因爲他的語意皆忠於佛陀的法教，沒有任何錯誤。因此他講述的內容值得諦聽，值得學習和付諸實修。前面詳述的三部分若具有任何功德的話，仁波切願將此功德迴向一切衆生，願衆生能遵循菩薩道而證得觀世音菩薩的殊勝境界。

〔跋〕

將教法縫進你的生命織布裡

在雪域西藏，佛教興盛已超過一千年。接連三個世紀，出現了三位偉大的藏王——松贊干布、赤松德贊和赤熱巴堅，每一位都對佛陀的法教和禪修展現強大的信心，也為佛法在西藏的弘傳奠定了必要的根基。在往後的歲月中，藏人維持著對三寶的堅強信心，並將佛法的教義融入日常生活之中。

在松贊干布的《嘛呢全集》（*Maṇi Kabum*）中，曾數次提到佛陀囑咐尊貴的觀世音菩薩庇佑西藏百姓，觀世音菩薩加持整個藏地如普陀山淨土，所有男人如他自己，所有女人如聖度母。

近幾十年，逆境和可怕的衝突降臨西藏。幸運地，因諸佛、尤其是觀世音菩薩的慈悲事業，當一九五九年西藏被入侵時，至尊達賴喇嘛得以安全逃抵印度。至尊達賴喇嘛是觀世音菩薩活生生的化身，孜孜不倦地維續傳布著神聖法教。藉由他的加持，不僅佛法重回其發源地——印度，我們對佛法能再度興盛於西藏的祈願也得以實現。

在此所給的教法集中在觀世音菩薩上，他是一切壇城的怙主。因爲他是慈悲之佛，且慈悲是佛法的心髓，因此觀世音菩薩是最殊勝的禪修本尊；持誦他的咒語特別有力，因爲具有很大的加持，能夠有效地解除衆生的痛苦。以不變的虔誠心，不斷地禪修觀世音菩薩，是在大乘道上前進且拭亮珍貴之菩提心寶的有效法門。

就外相或世俗諦而言，觀世音菩薩住在普陀山的淨土，爲諸佛悲心的化身；從內在或勝義諦看來，他是我們本具的智慧與悲心。了知世俗與勝義並存，就稱做「見」。

但只有知見是不夠的。如果不應用，便沒什麼作用。配合任何方便法門，此「見」需要力行，並透過嫻習的過程——通常是用「修」——來融會貫通。在此是持續專注於觀世音菩薩的實修。

一旦你了悟此見，當你藉由禪定來修持時，你的所有行爲、語言、思想將自然變得愈來愈有益。到最後，不管是休息、工作、飲食或睡眠，無論憂喜，你都會在當下時刻憶念觀世音菩薩，這就叫做「行」。

接受了這些教法之後，現在端賴你將它們縫進你生命的織布裡，使它們與你的所有思想、言語和行爲合而爲一。這不容易做到，但經由觀世音菩薩的加持和他心咒的力量，你將逐漸進步，克服障難，證得努力的解脫之「果」。

一九五九年後的西藏在強烈的宗教迫害下，成千上萬的人們仍繼續祕密修持佛法，並從磨難中浮現更強的信心。但對你來說，並沒有人禁止你祈請或修行。所以念誦六字大明咒，思惟法教，藉著每日禪修將它們融於你的生命中，縱使只有短暫的片刻也好。佛法是你必須親自實修之事，無人可以代勞。

不管是正式的座上修行，或把修行融入你的日常生活行爲中，你必須牢記無論做什麼，皆可運用於前行、正行和結行三勝要。「前行」是祈願你將做之事會利益所有衆生，帶給他們快樂，終能引領他們證悟。「正行」是完全留意正在做之事，不把主體、客體和行爲當做實存。「結行」則是將你從修持或佛行事業中所積的功德迴向給所有衆生；你所做的每件事都以迴向封印，可確保此功德將會成熟你和他人的證悟佛果。

在這個充斥著戰爭、饑荒、疾病、災難和各種天災人禍的時代裡，即使只有片刻念及他人的福祉，也具有不可思議的功德。請將這些教授謹記在心，並付之實修，那就不枉在此所講的眞正珍貴法教了。

〔附錄〕

參考書目

原頌的釋論

1. 《菩薩殊勝道》（*The Excellent Path of the Bodhisattvas*）：為《前、中、後三善道》逐字的釋論，在堪布耶喜・嘉措（Yeshe Gyatso）的祈請下，由卓千堪布賢遍・那旺（Shenpen Ngawang），也就是堪布賢嘎撰成，共三十一雙頁，印在卓千寺的木刻版上。

巴楚仁波切的著作

1. 《巴楚・鄔金・吉美・秋吉・旺波全集》（*The Collected Works of dPal-sprul O-rgyan 'Jigs-med Chos-kyi dBang-po*），由蘇南・卡席（Sonam Kazi）於一九七一年在錫金首府甘多重印頂果・欽哲仁波切的木刻藏書而成，共六函。

2. 《巴楚・鄔金・吉美・秋吉・旺波全集》，由阿列・生嘎仁波切（Alek Zenkar）圖登・尼瑪（Thubten Nyima）編纂的新版手稿系列重印，於一九八八年由中國成都的大藏經校勘局印製。

3. 《證悟者的心要寶藏：見修行的修行——前中後三善道》，《全集》第一函，頁195-209。《普賢上師言教》，《全集》第五函，已譯成法文版的《*Le Chemin de la Grand Perfection*》一書，由蓮師譯經小組於一九八七年出版，英文版書名為《*The Words of My Perfect Teacher*》。

巴楚仁波切傳記

1. 蔣揚・欽哲・旺波〈巴楚仁波切讚〉（*rgyal-ba'i my-gu chos-kyi dhang-po rjes-su dran-pa'i ngag-gi 'phreng-ba bkra-shis bil-ba'i ljong bzang kun tu dga'-ba'i tshal*），《全集》第六函的附錄，頁245-50。

2. 堪布昆巴（mKhan-chen Kun-bzang dPal-ldan）〈信心靈藥〉（*o-rgyan 'jigs-med chos kyi dbang-thar dad-pa'i gsos sman bdud rtsi'i bum bcud*），《大堪布昆桑・巴丹著作全集》第二函，頁353-484。由頂果・欽哲仁波切在一九八六年於不丹印行，蓮師譯經小組將以《巴楚

仁波切的生平與法教》(*The Life and Teachings of Patrul Rinpoche*)爲題，翻譯爲英文版和法文版。

3. 第三世多竹千仁波切，滇貝・尼瑪(Tenpei Nyima)〈甘露露滴〉(*mtshungs bral rgyal-ba'i my-gu o-rgyan jigs-med chos-kyi dnang-po'i rtogs-brjod tsam gleng-ba bdud rtsi'i zil thig*)，《全集》第四函，頁101-136，一九七二年由多竹千寺於錫金甘多印行。

本書引用的經典

1. 《入菩薩行論》(*Bodhicharyāvatāra*)，寂天菩薩著。
2. 《龍欽心髓》(*Longchen Nyingthig*)，吉美林巴尊者著。一九七二年在不丹巴洛(Paro)，喇嘛哦珠(Lama Ngödrup)爲頂果・欽哲仁波切印製，共四函。
3. 《三摩地王經》(*Sublime Dharma of Clear Recollection*)。
4. 《正法念處經》(*Sūtra Designed as a Jewel Chest*)。

〔藏中偈頌〕

《證悟者的心要寶藏》

༄། །ཐོག་མཐའ་བར་གསུམ་དུ་དགེ་བའི་གཏམ་ལྟ་སྒོམ་སྤྱོད་གསུམ་
ཉམས་ལེན་དམ་པའི་སྙིང་ནོར་ཞེས་བྱ་བ་
བཞུགས་སོ། །

巴楚仁波切　著

༄༅། །ན་མོ་ལོ་ཀེ་ཤྭ་ར་ཡ།
།གང་མཚན་བདུད་རྩིའི་ཟེགས་མ་གཅིག་ལྷུང་བས།
།ཚེ་རབས་དུ་མར་རྣ་བར་ཆོས་ཀྱི་སྒྲས།
།འགེངས་པའི་ངོ་མཚར་རིན་ཆེན་རྣམ་གསུམ་ཞེས།
།གྲགས་པའི་དཔལ་དེས་ཀུན་ཏུ་ཤིས་གྱུར་ཅིག

།གང་ཞིག་སྟོན་གྱི་དུས་ན་ཨ་མྲའི་འབྲས།
།ཁ་ཅིག་ནང་མ་སྨིན་ཀྱང་ཕྱི་སྨིན་འདྲ།
།སྣང་བ་དེ་ལྟར་ཆོས་པའི་གཟུགས་བརྙན་བདག
།སེམས་དང་ཆོས་མ་འདྲེས་ཕྱིར་ཆོས་གཏམ་དཀོན།

།དེ་ལྟན་ཡང་དམ་པ་ཁྱེད་ཀྱི་བཀས།
།བསྐུལ་བའི་ནན་མ་ལྡོག་ཕྱིར་དྲང་པོའི་ངག
།སྙིགས་སྤྱོད་ཕལ་པའི་རྩོལ་དང་མི་མཐུན་པར།
།གཡོ་སྒྱུ་མེད་པའི་སེམས་ཀྱིས་གསོལ་འདི་ར་དགོངས།

།དྲང་སྲོང་ཆེན་པོ་ཐུབ་དབང་ལྷའི་ཡང་ལྷས།
།དྲང་པོའི་ལམ་ནས་དྲང་པོའི་གོ་འཕང་བརྙེས།
།དྲང་པོའི་ལམ་བཟང་འགྲོ་ལ་དྲང་པོར་སྟོན།
།དེ་སླད་དྲང་སྲོང་ཆེ་ཞེས་གྲགས་མིན་ནམ།

1.

若汝聖名甘露點滴耳，
生生世世必得聞法音，
盈滿稀有殊勝三寶名，
祈願吉祥安樂普遍布！

2.

彷彿入秋時節之柿果，
若干內猶青澀外似熟，
吾貌佛法行者狀如是，
心法不一斯法難高妙。

3.

如是因汝善士勤勸請，
不忍殷殷之故坦言道。
於此末法時期非常理，
心無諂曲敬獻此密意。

4.

大覺金仙能仁天神師，
依真實道得證真實果，
勝妙正道明示予眾生。
是故稱名大覺金仙歟？

།ཀྱེ་མ་སྙིགས་མའི་དུས་འདིར་འགྲོ་བའི་རྒྱུད།
།དྲང་པོའི་གཞུང་བཟང་ཉམས་ནས་གཡོ་སྒྱུ་སྤྱོད།
།དེ་སྣང་འཁྱོག་པོའི་བློ་དང་འཁྱོག་པོའི་ངག
།གྱ་གྱུས་གཞན་སེམས་བསླུ་ལ་སྒྱུ་ཡིད་གཏོད།

།ཀྱེ་ཧུད་སྙིགས་འགྲོ་མཐོང་ནས་བློ་འདི་སྐྱོ་ངས།
།ཀྱེ་མ་སུ་ཡི་ངག་ལ་སུ་ཡིད་རྟོན།
།མི་སྲུན་སྲིན་པོའི་གླིང་ན་གནས་འདྲ་འདི།
།དགོངས་ནས་རང་དྲིན་རང་ལ་ཆེ་བར་མཛོད།

།སྔོན་ཡང་རང་སེམས་རྣམ་ཤེས་གཅིག་པུ་ཞིག
།འཁྲུམས་ཤིང་ལས་ཀྱིས་བདས་ནས་འདིར་སྐྱེས་ཟིན།
།ད་ཡང་མར་གྱི་དཀྱིལ་ནས་སྤུ་བཏོན་ལྟར།
།ཐམས་ཅད་བཞག་ནས་རང་ཉིད་གཅིག་པུར་འགྲོ།

།རང་སེམས་རང་ལ་མི་དཀར་ཐབས་མེད་ཀྱིས།
།རང་བློ་རང་ལ་མི་དྲང་མི་སྲིད་ཀྱིས།
།རང་དོན་སྙིང་པོའི་ལྷ་ཆོས་མ་འགྲུབ་ན།
།རང་སྲིད་རང་གིས་བརླག་པ་མ་ཡིན་ནམ།

5.

嗟呼末法時期諸眾生，
真性情義衰墮行諂誑，
是故心思乖違語歪邪，
狡詐欺人何者能信任？

6.

嗚呼見此末法眾生惑！
唉哉孰人之語孰人信？
猶如置身食人惡魔洲，
思惟自行惠己一大恩。

7.

昔前吾之心識獨漂流，
隨業流轉為此受今生，
旋如自酥油中拔髮般，
棄諸所有孤零一人行。

8.

自心對己不善絕不為，
自意對己不真絕不可：
自利不修佛法之心要，
自命豈非自故毀壞歟？

།སྙིགས་མའི་སྐྱེ་བོ་བསམ་སྤྱོད་དམན་ཆེས་བས།
།སུས་ཀྱང་རང་ལ་མི་ཕན་གཡོ་སྒྱུས་བསླུ།
།སུ་ལའང་རང་གིས་ཕན་པ་འགྲུབ་དཀའ་བས།
།འདུ་འཛིའི་འབྲེལ་ཐག་བཅད་ནས་མི་ལོགས་སམ།

།བཀུར་ཀྱང་གོང་མ་མཉེས་དུས་མི་འོང་གིས།
།སྐྱོང་ཡང་འོག་མ་མགུ་དུས་མི་འོང་གིས།
།བརྩེ་ཡང་ཕར་བསམ་ཚུར་ལ་མི་སེམས་པའི།
།ཚུལ་འདི་དགོངས་ལ་བློ་ཐག་ཆོད་པར་མཛོད།

།མཁས་ཀྱང་བསྟན་དོན་མི་འགྲུབ་རྩོད་པ་འཕེལ།
།གྲུབ་ཀྱང་གཞན་དོན་མི་འབྱུང་སྒྲོ་སྐུར་མང་།
།མཐོ་ཡང་སྡེ་ཚུས་མི་འོང་ཞེངས་ལོག་ཆེ།
།ད་ལྟའི་དུས་འདི་དགོངས་ལ་སྐྱོ་བར་མཛོད།

།བཤད་ཀྱང་བདེན་དུ་མི་འཛིན་གཞན་དུ་གོ།
།ཕན་སེམས་གཉིང་ནས་དཀར་ཀྱང་ལོག་པར་འཛིན།
།འཁྱོག་པོས་དྲང་པོ་འཁྱོག་པོར་མཐོང་དུས་འདིར།
།སུ་ལའང་ཕན་པ་མི་འགྲུབ་རེ་ཐག་ཆོད།

9.

末法所生思行極卑劣。
無能利吾諂誑且欺惑；
於焉吾亦難成利他行；
止卻無謂競逐不好耶？

10.

承侍上者難令其悅意；
養護下者難令其滿意；
悲憫顧他他人不顧念；
思惟此理下定堅決心。

11.

博學不圓教義增爭辯，
修持不為利他多詆毀，
上位不理政事圖謀亂，
思惟今世如斯悲厭離。

12.

宣說真義不取做他解；
真心利他善意遭妄解，
今日邪諂視正如邪諂，
於焉無能利他斷希冀。

།ཆོས་ཀུན་སྒྱུ་མ་ལྟ་བུར་རྒྱལ་བས་གསུངས།
།དེ་ནི་སྒྱུ་མ་ལས་ཀྱང་སྒྱུ་ཆེན་ཏེ།
།གཡོ་སྒྱུའི་སྒྱུ་མ་ཤེས་པའི་མིག་འཕྲུལ་མཁན།
།སྙིགས་སྦྱོར་སྒྱུ་མ་འདི་ལ་འཇིགས་པར་མཛོད།

།གཏམ་རྣམས་བྲག་ཅ་ལྟ་བུར་རྒྱལ་བས་གསུངས།
།དེ་ནི་བྲག་ཅ་ལས་ཀྱང་ཡང་ཅ་སྟེ།
།ཁ་དང་དོན་དུ་མི་མཚུངས་བྲག་ཅའི་གཏམ།
།སླུ་ཚིག་བྲག་ཅ་འདི་ལ་སྲུན་པ་སྐྱེད།

།སུ་མཐོང་མི་མ་ལགས་ཏེ་སྒྱུ་བྱེད་མཁན།
།སུས་བཤད་གཏམ་མ་ལགས་ཏེ་བསླུ་བྲིད་ཚིག
།དེ་ནི་སུ་ལའང་བློ་གཏད་མི་འདུག་གིས།
།རང་ཉིད་གཅིག་པུ་རང་དགར་གནས་པར་མཛོད།

།ལུས་སྤྱོད་ཆོས་བཞིན་སྤྱོད་ན་ཀུན་དང་འགལ།
།ངག་གཏམ་དྲང་པོར་བཤད་ན་ཕལ་ཆེར་ཁྲོ།
།སེམས་བཟང་གཏིང་ནས་དཀར་ཀྱང་སྐྱོན་དུ་རྩི།
།དེ་ནི་རང་ཚུལ་སྦེད་པའི་དུས་ལ་བབ།

13.

「觀見萬法如幻」諸佛語；
今日幻化猶勝昔日幻，
狡詐術師施設幻術者，
今是如幻垢行戒慎之。

14.

「觀見萬語如響」諸佛語，
今日回響猶似空回音，
所言所想不等空談響，
於此詭譎空響厭憎生。

15.

所見非是人者是騙徒，
所說非是話語是謊言。
於焉今日無人可信倚，
吾人孑然一身任悠遊。

16.

身行正法所行逆眾人；
言說正語所言怒眾人；
善心真誠純淨反遭忌。
是故適己韜光養晦時。

།ལུས་སྡམས་དབེན་པའི་རི་ལ་གཅིག་པུར་སྡོད།
།ངག་སྡམས་སླབ་མ་མང་འབྲེལ་ཐག་ཆོད།
།སེམས་སྡམས་རང་སྐྱོན་བོན་ར་ཚེར་རེ་ལྟོས།
།སྡམས་པའི་རྣལ་འབྱོར་ཟེར་ན་དེ་ལ་ཟེར།

།སྐུ་ལའང་བློ་གཏད་མི་འདུག་ཞེ་ལོག་གོ།
།གང་ལའང་སྙིང་པོ་མི་འདུག་སྐྱོ་ཆད་དེ།
།གང་བསམ་འགྲུབ་དུས་མི་འདུག་ཟད་ཐག་ཆོད།
།འདི་གསུམ་གཏན་དུ་འགྲོགས་ན་ཕན་པར་མཆིས།

།སྐྱིད་དུས་མི་འདུག་སྐྱིད་པོ་ད་ནི་ཟད།
།སྡུག་པོ་མི་འདོད་སྡུག་མཐའ་ཆོས་ཀྱིས་ཆོད།
།སྐྱིད་སྡུག་ཅི་འོང་སྨོན་ལམ་བཙན་པོས་ཤེས།
།ང་ནི་སྐུ་ལའང་མི་རེ་མི་དོགས་སོ།

།མི་ལ་རེ་ཆེ་རེ་ཁ་འཛུམ་མུལ་མུལ།
།རང་ལ་དགོས་མང་དགོས་དགོས་སྒྲུབ་པའི་ཤེམས།
།འདི་བྱ་འདི་བྱེད་ཕྱི་ཆིས་རེ་དོགས་བློ།
།ང་ནི་ཅི་ལ་བབ་ཀྱང་མི་བྱེད་དོ།

17.

寂靜山林獨居以藏身；
息交絕遊少言以藏語；
專倚注視己過以藏意；
此即所謂祕密瑜伽士。

18.

無一可信是故起厭憎，
無一具義是故悲惆悵，
所欲時不我與堅決心；
恆念如斯三事得裨益。

19.

樂時不再歡樂有時盡；
不欲痛苦依法斷離苦。
無論苦樂知昔業力作，
是故於此毋須希懼爾。

20.

求人者眾逢人皆微笑；
己欲者多樣樣皆必備；
算計能作所作心希懼；
從今隨緣行止不作矣。

།དེ་རིང་ཤི་ཡང་མི་འགྱོད་ཁ་བོར་བའི་ཆོས།
།ལོ་བརྒྱར་བསྡད་ཀྱང་མི་དགའ་ཡང་ཆོ་སོང་།
།ད་ནི་ཤི་ཡང་གསོན་ཡང་ཆོ་འདེམས་ཅི།
།ཕྱི་མའི་ཆོས་ཙམ་འགྲུབ་ན་དེ་ག་རང་།

།ཀྱེ་མ་བདག་གི་མགོན་གཅིག་ཐུགས་རྗེའི་གཏེར།
།རྒྱ་བའི་བླ་མ་མགོན་པོ་སྤྱན་རས་གཟིགས།
།གསུང་གི་སྙིང་པོ་དམ་ཆོས་ཡི་གེ་དྲུག
།ད་ནི་རེ་ས་ཁྱེད་ལས་མི་འདུག་གོ།

།ཤེས་ཚོད་གོ་བར་ཡུས་ནས་དམ་ཕན།
།བྱུས་ཚོད་ཆེ་འདེར་ཤེར་ནས་དམ་ཕན།
།བསམ་ཚོད་འབྲུལ་པར་སོང་ནས་དམ་ཕན།
།ཕན་རེས་ཡིག་དྲུག་བགྲང་བའི་དུས་ལ་བབ།

།མི་བསླུ་གཏན་གྱི་སྐྱབས་གཅིག་དཀོན་མཆོག་གསུམ།
།དཀོན་མཆོག་ཀུན་འདུས་ངོ་བོ་སྤྱན་རས་གཟིགས།
།ཁྱེད་ཤེས་བློ་གཏད་གཅིག་ལས་མི་འགྱུར་བའི།
།ངེས་ཤེས་བློ་ཐག་ཆོད་ལ་ཡིག་དྲུག་སྒྲོངས།

21.

今日既死無悔輪迴法，
長命百歲無喜韶華逝。
是故死活今生有何義？
唯修佛法誠為來世矣。

22.

啊！吾唯一怙主慈悲藏，
根本上師護法觀世音！
語之精華妙法嘛呢咒；
從今無有他想唯依汝！

23.

所知僅解外相無裨益，
所作今生消逝無裨益，
所思儘皆迷妄無裨益，
是時持誦嘛呢有實益。

24.

真實不變皈依唯三寶；
三寶總集自性觀世音。
一心依止汝智無變異，
具信堅心持誦嘛呢咒。

།ཐེག་ཆེན་ལམ་གྱི་རྩ་བ་བྱང་ཆུབ་སེམས།
།སེམས་མཆོག་རྒྱལ་བ་ཀུན་གྱི་བགྲོད་གཅིག་ལམ།
།ལམ་བཟང་བྱང་ཆུབ་སེམས་དང་མི་འབྲལ་ཞིང་།
།འགྲོ་ལ་སྙིང་རྗེའི་ངང་ནས་ཡིག་དྲུག་སྒྲོངས།

།ཐོག་མེད་འཁོར་བར་འཁྱམས་ནས་ད་ཕན་ཆད།
།ཅི་བྱེད་སྡིག་ཕྱུ་སོང་ནས་སྲིད་པར་འཁྱམས།
།སྡིག་ལྟུང་སྙིང་ནས་མཐོལ་ཞིང་བཤགས་སེམས་ཀྱིས།
།སྟོབས་བཞི་ཚང་བའི་ངང་ནས་ཡིག་དྲུག་སྒྲོངས།

།བདག་འཛིན་ཞེན་པའི་བློ་འདི་སྲིད་པའི་རྒྱུ།
།དེ་སྤྱད་ལུས་དང་ལོངས་སྤྱོད་དགེ་བའི་ཚོགས།
།ཡར་མཆོད་མར་སྦྱིན་འཁོར་འདས་ཀུན་ལ་བསྔོ།
།གཅེས་འཛིན་རྒྱུངས་ཀྱིས་སྐྱུར་བ་ཡིག་དྲུག་སྒྲོངས།

།སངས་རྒྱས་ཀུན་གྱི་ངོ་བོ་བླ་མ་རྗེ།
།སྐུ་དྲིན་སངས་རྒྱས་ཀུན་ལས་ལྷག་པའི་མགོན།
།བླ་མ་སྤྱན་རས་གཟིགས་དང་དབྱེར་མེད་དུ།
།དད་པའི་གདུང་ཤུགས་སྙིང་ལ་ཡིག་དྲུག་སྒྲོངས།

25.

大乘道之根基菩提心；
唯此聖念諸佛所行道。
菩提心之善道永不離，
大悲為利眾生誦嘛呢。

26.

無始至今徘徊輪迴中，
凡諸所作罪業致輪迴。
自心發露懺悔諸罪愆，
圓滿四力持誦嘛呢咒。

27.

此心貪戀我執輪迴因，
是故敬獻身財與善德，
上供涅槃下施輪迴眾；
捨除一切貪執誦嘛呢。

28.

諸佛總集自性上師尊，
恩德更勝一切諸佛者。
上師與觀世音無分別，
熱切虔誠持誦嘛呢咒。

།སྒྲིབ་བྱང་ལམ་སྒོམ་སྐུ་བཞི་མངོན་དུ་བྱེད།
།དབང་བཞིའི་བདག་ཉིད་བླ་མ་སྤྱན་རས་གཟིགས།
།རང་སེམས་བླ་མར་ཤེས་ན་དབང་བཞི་རྫོགས།
།རང་དབང་རང་ཐོབ་དང་ནས་ཡིག་དྲུག་སྒྲོངས།

།འཁོར་བ་རང་སྣང་ཙམ་སྟེ་ལོགས་ན་མེད།
།སྣང་སྲིད་ལྷ་རུ་ཤེས་ན་གཞན་དོན་རྫོགས།
།དག་སྣང་དབང་བཞི་འགྲོ་ལ་དུས་གཅིག་བསྐུར།
།འཁོར་བ་དོང་སྤྲུགས་དང་ནས་ཡིག་དྲུག་སྒྲོངས།

།བསྐྱེད་རིམ་རྣམ་གྲངས་མང་མང་དགོས་མི་འདུད།
།བདེ་གཤེགས་གཅིག་བསྒོམ་རྒྱལ་བ་ཀུན་གྱི་ངང་།
།གང་སྣང་སྣང་བ་ཐུགས་རྗེ་ཆེན་པོའི་སྐུ།
།སྣང་སྟོང་ལྷ་སྐུའི་ངང་ནས་ཡིག་དྲུག་སྒྲོངས།

།བཟླས་བརྗོད་བསྙེན་སྒྲུབ་ལས་སྤུགས་སྤྲོས་པ་ཙམ།
།ཚིག་ཚོད་ཡིག་དྲུག་པ་ཆོས་ཀྱི་སྒྲ།
།སྒྲ་གྲགས་འཕགས་པའི་གསུང་དང་འདྲ་འབྲལ་མེད།
།གྲགས་སྟོང་སྒྲུགས་སུ་ཤེས་པས་ཡིག་དྲུག་སྒྲོངས།

29.

淨障修道能顯四身者，
四灌本性上師觀世音；
了知自性上師圓四灌；
自灌自得持誦嘛呢咒。

30.

輪迴不外印象所顯現；
知萬物即本尊利他成。
淨觀四灌立時予眾生；
浚斷輪迴持誦嘛呢咒。

31.

生起次第諸多心難擁；
專修一佛諸佛已齊聚。
凡所顯相盡皆觀音身，
尊身顯空不二誦嘛呢。

32.

念誦修法降咒皆戲論；
融攝一切六字即法音。
一切音聲無異觀音言；
聲空不二如咒誦嘛呢。

།སྒྲིབ་གཉིས་རྣམ་རྟོག་ཞི་ན་ཉམས་རྟོགས་རྒྱས།
།རང་སྣང་དབང་དུ་འདུས་ན་དགྲ་བགེགས་ཐུལ།
།མཆོག་ཐུན་ཚེ་འདིར་སྩོལ་མཛད་སྤྱན་རས་གཟིགས།
།ལས་བཞི་ལྷུན་གྲུབ་དང་ནས་ཡིག་དྲུག་སྒྲོངས།

།གང་ཤར་གཏོར་མ་ཤར་གྲོལ་མགྲོན་ལ་བསྔོས།
།སྣང་སྟོང་སྣ་ཚོགས་གང་སྣང་ངས་ལ་འདེབས།
།གཉིས་མེད་ལྷ་ཕྱག་སེམས་ཉིད་མགོན་ལ་འཚལ།
།ཆོས་སྐྱོང་ཡོངས་རྫོགས་དང་ནས་ཡིག་དྲུག་སྒྲོངས།

།ཞེ་སྡང་དགྲ་བོ་བྱམས་པའི་མཚོན་གྱིས་ཐུལ།
།རིགས་དྲུག་གཉེན་འཁོར་སྙིང་རྗེའི་ཐབས་ཀྱིས་སྐྱོངས།
།དད་པའི་ཞིང་ལ་ཉམས་རྟོགས་ལོ་ཏོག་སྨོས།
།ཚེ་འདིས་ལས་རྫོགས་དང་ནས་ཡིག་དྲུག་སྒྲོངས།

།བདེན་ཞེན་རོ་རྒྱན་ཞེན་མེད་མེ་ལ་སྲེགས།
།འདིར་སྣང་བདུན་ཚིགས་སྙིང་པོའི་ཆོས་ཀྱིས་དེད།
།ཚོགས་བསགས་རོ་བརྒྱགས་ཚེ་རབས་གསུར་དུ་བསྔོས།
།གཤིན་པོའི་དགེ་རྫོགས་དང་ནས་ཡིག་དྲུག་སྒྲོངས།

33.

二障分別心息修證增；
懷控心力調伏敵魔障。
今生勝共成就觀音賜；
四種事業任運誦嘛呢。

34.

食子酬獻賓客立解脫；
隨處供造顯空之「擦擦」；
本性怙主無別虔頂禮，
圓滿佛行事業誦嘛呢。

35.

以慈武器調伏瞋恚敵；
以悲方便養護六道眷；
信心田裡耕種證悟稼，
圓滿今生事業誦嘛呢。

36.

執實舊屍無執火焚盡；
世俗做七修持法心要；
煙供迴向逝者來世福，
亡者善行圓滿誦嘛呢。

།དད་པའི་བུ་ཚ་ཉམས་ལེན་ཆོས་སྒོར་ཚུད།
།འདིར་སྣང་ཁྱིམ་དུ་ཞེན་ལོག་བུ་ཐང་ཞོག
།སྙིང་རྗེའི་བུ་མོ་ཁམས་གསུམ་མག་པར་ཁྱེན།
།གསོན་པོའི་རྒྱུས་རྫོགས་དང་ནས་ཡིག་དྲུག་སྒྲོངས།

།སྣང་ཚོད་འཁྲུལ་པ་ལགས་ཏེ་བདེན་པར་མེད།
།འཁོར་འདས་རྣམ་རྟོག་ཙམ་སྟེ་ཡོགས་ནས་མེད།
།རྣམ་རྟོག་ཤར་གྲོལ་ཤེས་ནས་ལམ་རྫོགས།
།གྲོལ་ལུགས་གནད་ཀྱི་ངང་ནས་ཡིག་དྲུག་སྒྲོངས།

།རང་སེམས་རིག་སྟོང་གཉིས་མེད་ཆོས་སྐུའི་ངང་།
།མ་བཅོས་གཉུག་མར་བཞག་ན་རང་གསལ་འཆར།
།བྱུར་མེད་ཅིག་ཆོད་ངང་དུ་བྱུས་ཆོས་ཟིན།
།རིག་སྟོང་རྗེན་པར་ཞོག་ལ་ཡིག་དྲུག་སྒྲོངས།

།གནས་པའི་སྟེང་ནས་འགྱུ་བའི་རྗེས་མཐུད་ཆོད།
།འགྱུ་བའི་ངང་ནས་གནས་པའི་རང་ངོ་ལྟོས།
།གནས་འགྱུ་གཉིས་མེད་ཐམལ་ཤེས་པ་སྐྱོངས།
།རྩེ་གཅིག་ཉམས་ཀྱི་ངང་ནས་ཡིག་དྲུག་སྒྲོངས།

37.

虔誠之子入修持法門；
出離之子掌世俗家業；
慈悲之女嫁三界新郎，
生計職責圓滿誦嘛呢。

38.

所顯皆妄是故非真諦；
輪涅唯分別心無有他。
了悟妄念立解圓十地；
嫻習解脫訣竅誦嘛呢。

39.

自心明空不二即法身，
放下無飾本然自性明。
無為獨當一切所作法；
安住裸然明空誦嘛呢。

40.

依於靜相相續動念斷；
於動相中靜相自性倚。
動靜不二住於平常心；
證悟專一境中誦嘛呢。

།ཀུན་རྫོབ་བརྟགས་ནས་དོན་དམ་གཏན་ལ་ཕེབ།
།དོན་དམ་ངང་ནས་ཀུན་རྫོབ་འཆར་ཚུལ་རྟོགས།
།བདེན་གཉིས་དབྱེར་མེད་བློ་བྲལ་གཉུག་མའི་གཤིས།
།སྤྲོས་བྲལ་ལྟ་བའི་ངང་ནས་ཡིག་དྲུག་སྒྲོངས།

།སྣང་བའི་སྟེང་དུ་སེམས་ཀྱི་ཞེན་པ་ཆོད།
།སེམས་ཀྱི་སྟེང་དུ་སྣང་བའི་རྫུན་ཕུག་རྡིབ།
།སྣང་སེམས་གཉིས་མེད་རྒྱ་གྲོལ་ཕྱལ་པ་ཆེ།
།རོ་གཅིག་རྟོགས་པའི་ངང་ནས་ཡིག་དྲུག་སྒྲོངས།

།སེམས་ཀྱི་རང་བཞིན་རིག་སྟོང་གཉུག་མར་གྲོལ།
།རིག་པའི་རང་རྩལ་སེམས་རྟོག་རང་སར་དག
།སེམས་རིག་གཉིས་མེད་ཐིག་ལེ་གཅིག་གི་ངང་།
།བསྒོམ་མེད་ཆོས་སྐུའི་ངང་ནས་ཡིག་དྲུག་སྒྲོངས།

།གཟུགས་སྣང་ལྷ་རུ་ཤེས་ན་བསྐྱེད་རིམ་གནད།
།མཛེས་དང་མི་མཛེས་སྣང་ཞེན་རང་སར་གྲོལ།
།ཞེན་མེད་སེམས་ཀྱི་སྣང་ཆ་འཕགས་པའི་སྐུ།
།མཐོང་སྣང་རང་གྲོལ་ངང་ནས་ཡིག་དྲུག་སྒྲོངས།

41.

擇分俗諦確立勝義諦；
於勝義中俗諦互倚現。
二諦無別本然離戲境；
於不造作見中誦嘛呢。

42.

於外相上斷除心貪執；
於心性上外相假穴塌；
心相不二無盡大開展；
證悟一味境中誦嘛呢。

43.

心之自性明空本解脫；
明覺任運心念自清淨。
心覺不二於一明點中，
無修法身境中誦嘛呢。

44.

色即本尊生起次第訣；
美醜與否所執自解脫。
無執心之顯相觀音身，
見色自解脫中誦嘛呢。

།སྒྲ་སྣང་སྒྲགས་སུ་ཤེས་ན་བཟླས་བརྗོད་གནད།
།སྙན་དང་མི་སྙན་སྣང་ཞེན་རང་སར་གྲོལ།
།ཞེན་མེད་འཁོར་འདས་རང་སྒྲ་ཡིག་དྲུག་གསུང་།
།ཐོས་སྣང་རང་གྲོལ་ངང་ནས་ཡིག་དྲུག་སྒྲོངས།

།དྲི་སྣང་སྐྱེ་མེད་ཤེས་ན་རྫོགས་རིམ་གནད།
།ཞིམ་དང་མི་ཞིམ་ཞེན་སྣང་རང་སར་གྲོལ།
།ཞེན་མེད་དྲི་སྣང་འཕགས་པའི་ཚུལ་ཁྲིམས་དང་།
།དྲི་སྣང་རང་གྲོལ་ངང་ནས་ཡིག་དྲུག་སྒྲོངས།

།རོ་སྣང་ཚོགས་སུ་ཤེས་ན་མཆོད་པའི་གནད།
།བཅུད་དང་མི་བཅུད་ཞེན་སྣང་རང་སར་གྲོལ།
།ཞེན་མེད་བཟའ་བཏུང་འཕགས་པ་དགྱེས་པའི་རྫས།
།རོ་སྣང་རང་གྲོལ་ངང་ནས་ཡིག་དྲུག་སྒྲོངས།

།རེག་སྣང་མཉམ་ཉིད་ཤེས་ན་རོ་སྙོམས་གནད།
།འཁྲང་ལྷོག་ཚ་གྲང་སྣང་བ་རང་སར་གྲོལ།
།ཞེན་མེད་ཕྱི་ནང་རེག་བྱ་ལྷའི་ཕྲིན་ལས།
།རེག་སྣང་རང་གྲོལ་ངང་ནས་ཡིག་དྲུག་སྒྲོངས།

45.

了知音聲為咒持誦訣；
悅耳與否所執自解脫。
無執輪涅原音六字語；
聞聲自解脫中誦嘛呢。

46.

知嗅無生圓滿次第訣；
香臭與否所執自解脫。
無執嗅中觀音戒律香；
嗅味自解脫中誦嘛呢。

47.

了知味為薈供獻供訣；
美味與否所執自解脫。
無執飲食觀音愉悅物；
味覺自解脫中誦嘛呢。

48.

了知觸之共性平等訣；
饑飽冷熱所感自解脫。
無執內外觸行本尊業；
觸覺自解脫中誦嘛呢。

།ཆོས་ཀུན་སྟོང་པར་ཤེས་ན་ལྟ་བའི་གནད།
།བདེན་རྫུན་བློ་ཡི་འཛིན་སྣངས་རང་སར་གྲོལ།
།ཞེན་མེད་སྣང་སྲིད་འཁོར་འདས་ཆོས་སྐུའི་ངང་།
།རྟོག་ཚོགས་རང་གྲོལ་ངང་ནས་ཡིག་དྲུག་སྒྲོངས།

།ཞེ་སྡང་ཡུལ་རྗེས་མ་འབྲེང་ཁྲོ་བློ་ལྷོས།
།ཁྲོ་སྣང་རང་ཤར་རང་གྲོལ་གསལ་སྟོང་ངང་།
།གསལ་སྟོང་མེ་ལོང་ཡེ་ཤེས་ལོགས་ན་མེད།
།ཞེ་སྡང་རང་གྲོལ་ངང་ནས་ཡིག་དྲུག་སྒྲོངས།

།ང་རྒྱལ་ཡུལ་རྗེས་མ་འཛིན་འཛིན་བློ་ལྷོས།
།མཆོག་འཛིན་རང་ཤར་རང་གྲོལ་ཡེ་སྟོང་ངང་།
།ཡེ་སྟོང་མཉམ་ཉིད་ཡེ་ཤེས་ལོགས་ན་མེད།
།ང་རྒྱལ་རང་གྲོལ་ངང་ནས་ཡིག་དྲུག་སྒྲོངས།

།འདོད་ཆགས་ཡུལ་རྗེས་མ་ཞེན་ཞེན་བློ་ལྷོས།
།ཞེན་སྣང་རང་ཤར་རང་གྲོལ་བདེ་སྟོང་ངང་།
།བདེ་སྟོང་སོར་རྟོག་ཡེ་ཤེས་ལོགས་ན་མེད།
།འདོད་ཆགས་རང་གྲོལ་ངང་ནས་ཡིག་དྲུག་སྒྲོངས།

49.

了知萬法皆空見之訣；
心識所取真偽自解脱。
無執輪涅萬象即法身；
念頭自解脱中誦嘛呢。

50.

毋隨瞋恚境影觀瞋心，
瞋心現起自解即明空；
明空不外大圓鏡智乎，
瞋恚自解脱中誦嘛呢。

51.

毋執驕慢境影觀執心，
執心現起自解本初空；
本空不外平等性智乎，
驕慢自解脱中誦嘛呢。

52.

毋耽貪欲境影觀貪心，
貪心現起自解即樂空；
樂空不外妙觀察智乎，
貪欲自解脱中誦嘛呢。

།ཕྲག་དོག་ཡུལ་རྗེས་མ་འབྲང་དཔྱོད་བློ་ལྷོས།
།རྟོག་དཔྱོད་རང་ཤར་རང་གྲོལ་བློ་སྟོང་ངང་།
།བློ་སྟོང་བྱ་གྲུབ་ཡེ་ཤེས་ལོགས་ན་མེད།
།ཕྲག་དོག་རང་གྲོལ་ངང་ནས་ཡིག་དྲུག་སྒྲོངས།

།གཏི་མུག་ཡུལ་ལ་མ་རྣོམ་རང་ངོ་ལྷོས།
།རྟོག་ཚོགས་རང་ཤར་རང་གྲོལ་རིག་སྟོང་ངང་།
།རིག་སྟོང་ཆོས་དབྱིངས་ཡེ་ཤེས་ལོགས་ན་མེད།
།གཏི་མུག་རང་གྲོལ་ངང་ནས་ཡིག་དྲུག་སྒྲོངས།

།གཟུགས་ཕུང་ཡེ་སྟོང་སྐྱེ་མེད་ནམ་མཁའི་ངང་།
།སྟོང་ཉིད་རིག་པའི་ཐིག་ལེ་སྤྱན་རས་གཟིགས།
།འཕགས་པ་ནམ་མཁའི་རྒྱལ་པོ་ལོགས་ན་མེད།
།སྟོང་ཉིད་ལྟ་བའི་ངང་ནས་ཡིག་དྲུག་སྒྲོངས།

།ཚོར་བ་ཡུལ་སེམས་གཉིས་སྤྲེལ་འཆིང་བའི་ཞགས།
།མཉམ་ཉིད་གཉིས་མེད་རྟོགས་ན་སྤྱན་རས་གཟིགས།
།འཕགས་པ་དོན་ཡོད་ཞགས་པ་ལོགས་ན་མེད།
།རོ་མཉམ་རྟོགས་པའི་ངང་ནས་ཡིག་དྲུག་སྒྲོངས།

53.

毋逐嫉妒境影觀伺心，
尋伺現起自解即意空；
意空不外成所作智乎，
嫉妒自解脱中誦嘛呢。

54.

毋附愚癡對境觀癡心，
妄念現起自解即覺空；
覺空不外法界體性智。
愚癡自解脱中誦嘛呢。

55.

色蘊本空無生如虛空；
空性本覺明點即觀音——
無異「聖者尊聖天王」矣，
空性正見境中誦嘛呢。

56.

受蘊繫縛心物二者鏈；
證悟平等不二即觀音——
無異「聖者不空羂索」矣，
證悟一味境中誦嘛呢。

།འདུ་ཤེས་མཚན་མར་འཛིན་པ་འཁྲུལ་པའི་བློ།
།འགྲོ་ཀུན་སྙིང་རྗེས་འཛིན་ན་སྤྱན་རས་གཟིགས།
།འཕགས་མཆོག་འཁོར་བ་དོང་སྤྲུགས་པོ་ལོགས་ན་མེད།
།དམིགས་མེད་སྙིང་རྗེའི་ངང་ནས་ཡིག་དྲུག་སྒྲོངས།

།འདུ་བྱེད་འཁོར་བའི་ལས་ཀྱིས་རིགས་དྲུག་འཁོར།
།སྲིད་ཞི་མཉམ་ཉིད་རྟོགས་ན་སྤྱན་རས་གཟིགས།
།འགྲོ་འདུལ་ཐུགས་རྗེ་ཆེན་པོ་ལོགས་ན་མེད།
།གཞན་ཕན་རོ་གཅིག་ངང་ནས་ཡིག་དྲུག་སྒྲོངས།

།རྣམ་ཤེས་སེམས་ཀྱི་རང་བཞིན་ཚོགས་བརྒྱད་ཀ།
།སེམས་ཉིད་ཆོས་སྐུར་རྟོགས་ན་སྤྱན་རས་གཟིགས།
།འཕགས་མཆོག་རྒྱལ་བརྒྱ་མཚོ་ལོགས་ན་མེད།
།རང་སེམས་སངས་རྒྱས་ཤེས་པས་ཡིག་དྲུག་སྒྲོངས།

།ལུས་སྣང་གདོས་བཅས་འཛིན་པ་འཆིང་བའི་རྒྱུ།
།སྣང་སྟོང་ལྷ་རུ་ཤེས་ན་སྤྱན་རས་གཟིགས།
།འཕགས་མཆོག་ཁ་སརྤ་ཎི་ལོགས་ན་མེད།
།སྣང་སྟོང་ལྷ་སྐུའི་ངང་ནས་ཡིག་དྲུག་སྒྲོངས།

57.

想蘊執取名相皆妄念；
悲心善待眾生即觀音——
無異「至尊浚斷輪迴」矣，
無緣大悲境中誦嘛呢。

58.

行蘊輪迴業力轉六道；
證悟輪涅平等即觀音——
無異「大悲調伏眾生」矣，
利他一味境中誦嘛呢。

59.

識蘊凡夫心識具八能；
證悟本心法身即觀音——
無異「至尊調御丈夫海」，
了悟自心即佛誦嘛呢。

60.

執取身相為實束縛因；
了悟顯空如尊即觀音——
無異「至尊空行觀音」矣，
顯空本尊身境誦嘛呢。

།ངག་སྣང་བརྗོད་པའི་སྒྲ་རྟོགས་འཁྲུལ་པའི་རྒྱུ།
།གྲགས་སྟོང་སྒྲོགས་སུ་ཤེས་ན་སྤྱན་རས་གཟིགས།
།འཕགས་མཆོག་སེངྒེ་སྒྲ་ཞེས་ལོགས་ན་མེད།
།སྒྲ་གྲགས་སྒྲོགས་སུ་ཤེས་པས་ཡིག་དྲུག་སྒྲོངས།

།སེམས་སྣང་བདེན་ཞེན་འཁྲུལ་པ་འཁོར་བའི་རྒྱུ།
།རྟོག་བྲལ་ག་ཤེས་པ་བཞག་ན་སྤྱན་རས་གཟིགས།
།འཕགས་མཆོག་སེམས་ཉིད་ངལ་བསོ་ལོགས་ན་མེད།
།སེམས་ཉིད་ཆོས་སྐུའི་ངང་ནས་ཡིག་དྲུག་སྒྲོངས།

།སྣང་སྲིད་ཡེ་ནས་དག་པ་ཆོས་སྐུའི་ངང་།
།ཆོས་སྐུའི་རང་ཞལ་མཇལ་ན་སྤྱན་རས་གཟིགས།
།འཕགས་མཆོག་འཇིག་རྟེན་དབང་ཕྱུག་ལོགས་ན་མེད།
།དག་པ་རབ་འབྱམས་ངང་ནས་ཡིག་དྲུག་སྒྲོངས།

།ལྷ་གཅིག་རྒྱལ་བ་ཀུན་འདུས་སྤྱན་རས་གཟིགས།
།སྔགས་གཅིག་སྙིང་པོ་ཀུན་འདུས་ཡི་གེ་དྲུག
།ཆོས་གཅིག་བསྐྱེད་རྫོགས་ཀུན་འདུས་བྱང་ཆུབ་སེམས།
།གཅིག་ཤེས་ཀུན་གྲོལ་ངང་ནས་ཡིག་དྲུག་སྒྲོངས།

61.

聞聲言詮語相妄念因；
了悟聲空如咒即觀音——
無異「至尊獅吼觀音」矣，
了知音聲為咒誦嘛呢。

62.

執實之心迷妄輪迴因；
放下本心離思即觀音——
無異「至尊心性休息」矣，
心性法身境中誦嘛呢。

63.

萬象本初清淨為法身；
面見自性法身即觀音——
無異「至尊世間自在」矣，
清淨無邊境中誦嘛呢。

64.

一尊諸佛總集觀世音，
一咒心要總集嘛呢咒；
一法生圓總集菩提心，
一悟解脫一切誦嘛呢。

།བྱས་པས་ཅི་བྱ་བྱ་བྱེད་འཁོར་བའི་རྒྱུ།
།བྱས་ཚད་སྙིང་པོ་མེད་པའི་རྩོལ་ལ་ལྟོས།
།ད་ནི་བྱར་མེད་ངང་ལ་བཞག་ན་དགའ།
།བྱ་བྱེད་ཚམས་སེ་ཞོག་ལ་ཡིག་དྲུག་སྒྲོངས།

།སྨྲས་པས་ཅི་བྱ་སྨྲས་ཚད་བྲེ་མོའི་གཏམ།
།འབྲེལ་མེད་རྣམ་གཡེང་སྐྱེད་པའི་རྩོལ་ལ་ལྟོས།
།ད་ནི་བརྗོད་མེད་ངང་ལ་གནས་ན་དགའ།
།སྨྲ་བརྗོད་ཐད་ཀྱིས་ཆོད་ལ་ཡིག་དྲུག་སྒྲོངས།

།སོང་བས་ཅི་བྱ་འགྲོ་འདུག་ངལ་བའི་རྒྱུ།
།འཁྱམས་ཤིང་ཆོས་ལས་རིང་བའི་རྩོལ་ལ་ལྟོས།
།ད་ནི་གཅིག་ཏུ་སེམས་བག་ཕབ་ན་དགའ།
།བག་ཕེབ་ལྷོད་ཀྱིས་སྡོད་ལ་ཡིག་དྲུག་སྒྲོངས།

།ཟོས་པས་ཅི་བྱ་ཟོས་ཚད་མི་གཙང་རྒྱུ།
།ཟ་འདོད་ཚིམ་པ་མེད་པའི་རྩོལ་ལ་ལྟོས།
།ད་ནི་ཏིང་འཛིན་ཟས་སུ་ཟོས་ན་དགའ།
།བཟའ་བཏུང་བྱེད་འཕྲོ་བོར་ལ་ཡིག་དྲུག་སྒྲོངས།

65.

往事何益所行輪迴因，
觀見所作了無意趣理，
為此放下諸事甚好矣，
捨除一切行為誦嘛呢。

66.

言語何用所說皆廢話，
觀見閒扯引致散亂理，
為此安住無言甚好矣，
徹底斷除言談誦嘛呢。

67.

忙碌何用往返疲憊因，
觀見遊蕩遠離佛法理，
為此寬心坦住甚好矣，
安坐閒適悠然誦嘛呢。

68.

所食何用飲食排泄因，
觀見食欲永不饜足理，
為此禪悅為食甚好矣，
捨棄一切飲食誦嘛呢。

།བསམ་པས་ཅི་བྱ་བསམ་མཚན་འཁྲུལ་པའི་རྒྱུ།
།བསམ་དོན་ཐོག་ཏུ་མི་ཁེལ་ཚུལ་ལ་ལྟོས།
།ད་ནི་ཚེ་འདི་འི་བློ་སྣ་བསྡུངས་ན་ང་དགའ།
།བློ་ཐག་ཆད་ཀྱིས་ཆོད་ལ་ཡིག་དྲུག་སྒྲོངས།

།འབྱོར་པས་ཅི་བྱ་ལོངས་སྤྱོད་ཞེན་པའི་བློ།
།བསགས་མཚན་ཤུལ་དུ་ལུས་པའི་ཚུལ་ལ་ལྟོས།
།ད་ནི་བདག་འཛིན་ཞེན་པ་བཅད་ན་ང་དགའ།
།གསོག་འཇོག་རྩོལ་སྒྲུབ་བོར་ལ་ཡིག་དྲུག་སྒྲོངས།

།ཉལ་བས་ཅི་བྱ་གཉིད་ཚད་གཏི་མུག་ངང་།
།སོས་དལ་མི་ཚེ་འཛད་པའི་ཚུལ་ལ་ལྟོས།
།ད་ནི་སྙིང་ནས་བརྩོན་འགྲུས་བསྐྱེད་ན་ང་དགའ།
།ཉིན་མཚན་རྣམ་གཡེང་སྤངས་ནས་ཡིག་དྲུག་སྒྲོངས།

།ཡོང་མེད་ཡོང་མེད་སྒྲོད་པའི་ཡོང་མི་འདུག
།འཆི་བདག་གློ་བུར་སླེབ་ན་ཅི་ཞིག་བྱ།
།ད་ནི་འཕྲལ་ལ་ལྷ་ཆོས་འགྲུབ་ན་ང་དགའ།
།ད་ལྟ་ལ་ཁུར་ཉིད་དུ་ཡིག་དྲུག་སྒྲོངས།

69.

所思何用思慮妄念因，
觀見心願欲成未果理，
今生心思毋縱甚好矣，
徹底斷絕思量誦嘛呢。

70.

資產何用貪執財富心，
觀見撒手之時迅速理，
為此斷卻財執甚好矣，
捨棄辛勤積蓄誦嘛呢。

71.

所睡何用睡眠僅愚癡，
觀見光陰盡耗怠惰理，
為此全心精進甚好矣，
日夜斷除放逸誦嘛呢。

72.

無暇無暇閒坐無暇矣！
一旦死亡驟至將何為？
為此即修佛法甚好矣，
當下即刻趕緊誦嘛呢。

།ལོ་དང་ཟླ་གྲངས་ཞག་གི་རྩིས་ཀྱིས་ཅི།
།ད་ལྟ་སྐད་ཅིག་འགྱུར་བའི་རྒྱུ་ལ་ལྟོས།
།སྐད་ཅིག་རེ་རེར་སོང་བཞིན་འཆི་ལ་ཉེ།
།ད་ལྟ་ད་ལྟ་ཉིད་ནས་ཡིག་དྲུག་སྒྲོངས།

།ཚེ་ནི་ཉི་མ་བཞིན་དུ་ཕར་ཕར་འགྲོ།
།འཆི་བདག་གྲིབ་སོ་བཞིན་དུ་རྒྱུར་རྒྱུར་འོང་།
།དེ་ནི་ཚེ་ལྷག་ཉི་ཀྲུས་གྲིབ་སོ་ཙམ།
།སྲིད་པའི་ལོང་ཐེམ་མི་འདུག་ཡིག་དྲུག་སྒྲོངས།

།ཆོས་སུ་ཡི་གེ་དྲུག་པ་བཟང་མོད་དེ།
།ཁ་ཡེངས་མིག་ཡེངས་བཟླས་པས་འབྲས་མི་འབྱིན།
།ངག་བཟླས་གྲངས་ལ་ཞེན་པ་ཨ་འཐས་བློ།
།རྩེ་གཅིག་སེམས་ལ་ལྟོས་ལ་ཡིག་དྲུག་སྒྲོངས།

།ཡང་དང་ཡང་དུ་རང་གི་སེམས་བརྟགས་ན།
།ཅི་ལྟར་བྱས་ཀྱང་ཡང་དག་ལམ་ལ་འགྲོ།
།གདམས་པའི་གནད་བརྒྱ་འདུས་པ་འདི་ཡིན།
།གནད་དོན་གཅིག་ལ་སྒྲིལ་ལ་ཡིག་དྲུག་སྒྲོངས།

73.

年月日時如何來度計，
觀見當下刹那變化理，
刹那消逝步步近死期；
就在當下現時誦嘛呢。

74.

生命猶如落日漸西沉，
死亡逼近彷若暮影牽。
為此餘生短逝如夕影；
無有閒暇虛度誦嘛呢。

75.

六字大明咒雖完善法，
念誦閒聊旁騖不得果；
念誦執著數量不得法。
專一觀照心念誦嘛呢。

76.

一再檢視覺察自心念，
舉凡所作皆入清淨道。
成百教誡所集此精華；
總匯此一訣竅誦嘛呢。

།དང་པོར་སྙིགས་མའི་སྤྱོད་ལ་སྐྱོ་བའི་གཏམ།
།གཏམ་འདི་རང་གིས་རང་ལ་གདམས་པ་སྟེ།
།རང་བློ་གཏིང་ནས་འགྱུར་བའི་སྨྲེ་སྔགས་ཚིག
།ཁྱེད་ལ་ཡང་འདྲའམ་སྙམ་ནས་ཕུལ་བ་ལགས།

།མི་འདྲ་ལྷ་སྒོམ་མཐོན་པོའི་གདེངས་ཚོད་དང་།
།ལུགས་གཉིས་བྱ་བཞག་འཁྲུལ་པའི་རྣམ་དཔྱོད་བློ།
།རང་གཞན་བློ་གཏད་ཐེར་བའི་འདུན་གྲོས་ཤེམས།
།ཁྱེད་ལ་ཡོད་པར་གྱུར་ན་མཐོལ་ལོ་བཤགས།

།བར་དུ་ལྷ་སྒོམ་གཏན་ལ་འབེབས་པའི་གཏམ།
།རྟོགས་པའི་ཉམས་མྱོང་བདག་ལ་མེད་མོད་ཀྱང་།
།ཀུན་མཁྱེན་ཡབ་སྲས་བརྒྱུད་པ་རིན་པོ་ཆེའི།
།གསུང་གིས་བསྐུངས་པའི་གོ་ཡུལ་བཤད་པ་ལགས།

།ཐ་མ་ངེས་འབྱུང་ཆོས་ལ་སྐུལ་བའི་གཏམ།
།གཏམ་འདི་བརྗོད་དོན་མེད་ཀྱང་ཤུགས་ཀྱིས་ཐལ།
།འོན་ཀྱང་སྲས་བཅས་རྒྱལ་བའི་བཞེད་གཞུང་དང་།
།མི་འགལ་ཉམས་སུ་བླངས་ན་སྐུ་དྲིན་ཆེ།

77.

首篇所說厭離末法行，
此言吾作自我訓誡矣。
吾心深處直感此悲歎；
謹獻予汝望能同悲感。

78.

非此，崇高見修汝具信，
智融出世入世二事業，
自他所欲善巧迎刃解，
若汝皆具容我致歉之。

79.

次言確立根本見修道，
雖則修證經驗吾闕如——
傳承遍智父子寶上師，
教言澤被所知即宣說。

80.

末言厭離促請修持法，
此說未解語義遺漏失，
然合諸佛菩薩所言教，
付諸實修必得大恩惠。

།དེ་ལྟར་ཐོག་མཐའ་བར་དུ་དགེ་བའི་གཏམ།
།བྲག་དཀར་རྩེ་རྒྱལ་གྲུབ་པའི་བྲག་ཕུག་ཏུ།
།སྔར་འདྲིས་གྲོགས་ཀྱིས་བསྐུལ་བམ་བཟོད་ནས།
།དུག་ལྔ་མེ་འབར་ཨ་བུ་ཧྲུལ་པོས་བྲིས།

།ཁབ་ཤད་ཀྱུང་བར་སོང་ཡང་ཅི་ཆ་སྟེ།
།དོན་བཟང་འབྲེལ་བ་མེད་པའི་དགེ་ཚོགས་རྒྱུན།
།ཁྱེད་དང་བདག་བཅས་ཁམས་གསུམ་འགྲོ་བ་ཀུན།
།ཆོས་མཐུན་བསམ་པ་འགྲུབ་པའི་རྒྱུར་བསྔོ། ། དགེའོ།། ༎

81.

此論前中後篇皆善言，
白岩勝利峰之成就穴，
往昔老友懇請難辭卻，
五毒熾盛阿布沙波撰。

82.

吾言一再絮叨又何如？
涵義精深無誤引善德；
汝與我等三界眾生俱——
迴向所願如法皆成就！善哉！

雪謙寺介紹：

康區雪謙寺

東藏康區的雪謙寺，是寧瑪派六大主寺之一，1695 年由冉江天佩嘉增建立。成立至今培養出許多偉大的上師，包括：雪謙嘉察、雪謙康楚、米滂仁波切、頂果欽哲仁波切、秋揚創巴仁波切，以及其他許多二十世紀重要的上師，都曾在此領受法教或駐錫在此。雪謙寺一直以來以其諸多上師和隱士們的心靈成就、佛學院的教學品質、正統的宗教藝術（儀式、唱誦、音樂和舞蹈）等聞名於世。

不幸的是，1957 年中共入藏後，雪謙寺及其 110 座分寺被夷為平地。1985 年，頂果欽哲仁波切在流亡 25 年後回到西藏，於原址重建寺院，如今雪謙寺已重建起來，同時也恢復了部分的寺院活動，此外，也重建了佛學院。

尼泊爾雪謙寺、佛學院和閉關中心

尼泊爾雪謙寺是頂果欽哲法王離開西藏後，在尼泊爾波達納斯大佛塔旁所興建的分寺，以期延續西藏雪謙寺祖寺的佛教哲學、實修和藝術的傳統。尼泊爾雪謙寺的現任住持是第七世　雪謙冉江仁波切，冉江仁波切是頂果欽哲法王的孫子，也是心靈上的傳人，法王圓寂後，接下寺院及僧尼教育的所有重擔及責任，目前有 500 多名僧侶居住在此，並在此學習佛教哲學、音樂、舞蹈和繪畫等多方面課程。

仁波切也在此建立雪謙佛學院和雪謙閉關中心（南摩布達旁僻靜處），來擴展寺院的佛行事業。此外，為了延續唐卡繪畫的傳統，也建立了慈仁藝術學院，提供僧眾及海外弟子學習唐卡繪畫，延續珍貴的傳統藝術。

冉江仁波切在僧團內創立了一個完善的行政體系和組織，成為佛法教育、寺院紀律、佛行事業、正統修法儀式和實修佛法的典範。

印度菩提迦耶的雪謙寺和佛學中心

1996 年　冉江仁波切承續　頂果欽哲仁波切志業，在菩提迦耶建立了菩提迦耶雪謙寺。寺廟距離正覺佛塔只有幾分鐘的步行路程。除了寺院主殿外，還有設置僧房、客房、圖書室、國際佛學研究中心及佛塔等。此外，也成立了流動診所和藏醫診所，服務當地的居民。

承襲頂果欽哲法王志業，冉江仁波切也在印度八大聖地興建佛塔，除了菩提迦耶的國際佛學中心外，在舍衛國等幾處聖地亦設有佛學中心。雪謙佛學研究中心定期提供深度研習佛教哲學和實修的課程，開放給來自世界各地的學生。另外，也陸續邀請寧瑪派及其他傳承的上師前來闡釋佛教經典，並且給予口傳。

不丹雪謙比丘尼寺

除了僧眾教育外，雪謙傳承也著力在復興比丘尼的佛學教育，頂果法王離開西藏後，在不丹雪謙烏金卻宗設立 1 座比丘尼寺，並在此傳授了許多重要的法教。目前，比丘尼寺內有100多名比丘尼，由2位雪謙佛學院的堪布在此教授讀寫、禪修等密集課程，完成基礎課程後，也同男僧般給予尼師們 9 年的佛學院課程。目前寺院內已有尼師們即將圓滿 9 年的佛學院課程，並且有 2 批尼師們圓滿了 3 年 3 個月的閉關實修課程。這些虔心向法的女性人數日益增加，冉江仁波切也規劃在此設立 1 處尼眾的閉關中心。

雪謙傳承上師介紹：

頂果欽哲仁波切

頂果欽哲仁波切是在西藏完成教育和訓練、碩果僅存的幾個有成就的上師之一，被公認為最偉大的大圓滿上師之一，也是許多重要喇嘛的上師，包括達賴喇嘛尊者、秋揚創巴仁波以及其他來自西藏佛教四大宗派的上師。頂果欽哲仁波切在不同領域都有所成就，而對一般人而言，這每一種成就似乎都要投入一輩子的時間才可能達成。仁波切曾經花了二十年的時間從事閉關，撰寫二十五卷以上的佛教哲理和實修法門，出版並保存了無數的佛教經典，以及發起無數的計畫來延續和傳播佛教思想、傳統和文化。然而，他認為最重要的一件事是，他自身所了悟和傳授的法教，能夠被其他人付諸實修。頂果欽哲仁波切深深觸動了東西方的弟子的心靈；他生生不息的法教和慈悲行止，正透過仁波切海內外的弟子努力延續下去。

頂果欽哲揚希仁波切

頂果欽哲揚希仁波切是頂果欽哲仁波切的轉世，1993 年 6 月 30 日出生於尼泊爾。由頂果欽哲仁波切最資深、最具證量的弟子楚西仁波切尋找認證。在尋找的過程中，楚西仁波切擁有許多夢境和淨見，清楚地指出轉世靈童的身分。揚希仁波切的父親是錫給丘林仁波切明久德瓦多傑，第三世秋吉德謙林巴的化身，祖古烏金仁波切的子嗣；母親是德謙帕燈；仁波切出生　於藏曆雞年五月十日蓮師誕辰的那一天，並由尊貴的達賴喇嘛尊者証實是「札西帕久（頂果欽哲仁波切的名諱之一）正確無誤的轉世」。

1995 年 12 月，楚西仁波切在尼泊爾的瑪拉蒂卡聖穴為欽哲揚希仁波切舉行典禮，賜名為烏金天津吉美朗竹。1996 年 12 月在尼泊爾雪謙寺，正式為欽哲揚希仁波切舉行座床大典，有數千位從世界各地前來的弟子參加典禮者。

目前欽哲揚希仁波切已完成相關佛學及實修課程，並從前世弟子，如：楚西仁波切、揚唐仁波切等具德上師處領受過去傳授給這些弟子的法教、灌頂及口傳，並於 2010 年向全世界正式開展其佛行事業。2013 年起，因冉江仁波切開始進行 3 年閉關，年輕的欽哲揚希仁波切也肩負起雪謙傳承相關佛行事業的重責大任，領導所有的僧團並授予法教。

雪謙冉江仁波切

雪謙冉江仁波切出生於 1966 年，是頂果欽哲仁波切的孫子和法嗣，由頂果欽哲仁波切一手帶大。從 3 歲起，冉江仁波切開始領受祖父頂果欽哲仁波切所傳的法教，直至今日，仁波切是這個從未間斷的傳承的持明者。　冉江仁波切幾乎參與頂果欽哲仁波切在二十五年間所主持的每一個傳法開示、竹千大法會和灌頂。並隨同頂果欽哲仁波切遊歷世界各地。

自從祖父頂果欽哲仁波切圓寂之後，冉江仁波切擔負起傳佈頂果欽哲仁波切法教的重責大任。包括承接了康區雪謙寺祖寺、尼泊爾雪謙寺、印度菩提迦耶雪謙寺、雪謙佛學院、雪謙閉關中心、八大聖地佛學中心及不丹比丘尼寺等龐大的僧團及佛學教育體系。另外，也在世界各地設置雪謙佛學中心，以弘揚雪謙傳承的教法，包括：法國、英國、墨西哥、香港、台灣等地，皆有由仁波切直接指派堪布在各地雪謙佛學中心給予海外弟子授課及傳法。

除了在尼泊爾、不丹及海外的佛學教育及文化保存工作，冉江仁波切也透過頂果欽哲基金會，回到藏地從事人道關懷及公益工作。2001 年以來頂果欽哲基金會在西藏各個地區〈康區、安多和西藏中部〉發起並監督多種人道計畫。內容包括：偏遠藏區的基礎建設（如：橋樑等）、醫療、學校及佛學院的興建、資助比丘尼、老人、孤兒及學生的援助等人道關懷。由於冉江仁波切的慈悲及努力不懈，也實現了頂果欽哲仁波切保存延續西藏佛教法教和文化的願景。

台灣雪謙寺的法脈傳承，歡迎您的加入與支持

雪謙法脈在台灣的佛學教育主要由堪布負責，堪布即為佛學博士，須在　雪謙冉江仁波切座下接受嚴格指導和正統佛學教育，並完成研習佛教經典、歷史以及辯經的九年佛學課程，對顯教密咒乘的典籍，都有妥善的聽聞學習完畢，其法教傳承實為珍貴難得。

目前尊貴的　雪謙冉江仁波切分別指派堪布　烏金徹林及堪布　耶謝沃竹來擔任高雄及台北佛學中心之常駐，負責中心的發展。

二處佛學中心所要傳遞給世人的是源自諸佛菩薩、蓮花生大士乃至頂果欽哲仁波切以來，極為清淨之雪謙傳承教法，而本教法的精神所在，也在教導世人如何學習並俱足真正的慈悲與智慧。秉持著這樣殊勝的傳承精神，佛學中心在二位堪布的帶領下，以多元的方式來傳遞佛陀的教法，期盼由此可以讓諸佛菩薩無盡的慈悲與智慧深植人心，帶領一切有情眾生脫離輪迴苦海。

台灣雪謙佛學中心是所有對　頂果欽哲法王及　雪謙冉江仁波切有信心的法友們的家，對於初次接觸藏傳佛教的信眾，不論任何教派，也非常樂意提供諮詢建議，期許所有入門者皆可建立起正知見及正確的修行次第。二位常駐堪布規劃一系列佛法教育及實修課程，由此進一步開展雪謙傳承教法予台灣的信眾們，讓所有人都有機會親近及學習頂果法王的教法。

目前台北及高雄固定的共修活動有：前行法教授、文殊修法、綠度母共修、蓮師薈供、空行母薈供、………，也不定期舉辦煙供、火供、除障、超度…等法會。

我們竭誠歡迎佛弟子們隨時回來禮佛並參與共修及各項活動。

重建尼泊爾雪謙寺——需要你我的支持

尼泊爾雪謙寺是 1980 年在頂果欽哲法王監督下，歷經十年，投入最大心血所打造，西藏境外最壯麗的寺院之一。每一個細節、每一處角落、每一塊磚瓦、每一幅壁畫，都充滿了法王為延續佛法精神所注入的愛與慈悲。

然而 2015 年的大地震，造成了雪謙寺多數建築的嚴重損傷，度母殿、仁波切住所、僧眾寮房、廣場地基等多處牆面均嚴重龜裂，大殿之結構、地基、牆壁及珍貴壁畫文物等也遭受了嚴重毀損，目前部份寺廟建物進行評估後，已先加強安全補強的工程。

如今寺廟的重建工程已是燃眉之急，此處不但是佛子們心靈重要的庇護所，也是孕育佛法教育的重要殿堂，更是充滿了許多大師們祝福加持的神聖之地。在如此艱難的時期，我們非常需要您能伸出援手，衷心期盼您的涓滴成河，得以讓重建工程順利進行，讓它恢復往昔的光采與輝煌。

修建經堂寺廟具有無量功德，對於我們的現世或將來都有不可思議的利益。《蓮花經》云，任何善信發心贊助建寺與佛壇，可以獲得以下十大功德：

1、無始以來諸惡業，得以減輕或消除。
2、天人護佑，逢凶化吉。
3、去除障礙物，免夙仇報復之苦。
4、妖魔邪怪，不能侵犯。
5、脫離煩惱和無明。
6、豐衣足食，福祿綿長。
7、所言所行，人天歡喜。
8、增加福慧二資糧。
9、往生善道，相貌端莊，天資福祿兼有。
10、往生能聞佛法之國土，速證佛果。

【護持方式】

戶名：高雄市顯密寧瑪巴雪謙佛學會

郵政劃撥帳號：42229736（劃撥者請註明 " 雪謙寺重建 " 及地址電話）

郵局帳號：00411100538261　ATM 轉帳郵局代碼 700

銀行轉帳：兆豐銀行 017（三民分行）

銀行帳號：040-09-02002-1

轉帳或匯款請告知後 5 碼及姓名地址，方便郵寄可報稅收據

【頂果欽哲法王文選】 頂果欽哲法王 Dilgo Khyentse Rinpoche 著

修行百頌
項慧齡 譯
定價：400 元

《修行百頌》是十一世紀的偉大學者帕當巴．桑傑的心靈證言，由頂果欽哲法王加以論釋，意義深奧又簡明易懂。

你可以更慈悲
項慧齡 譯
定價：500 元

本書是法王頂果．欽哲仁波切針對藏傳佛教最受尊崇的法典「菩薩三十七種修行之道」所做的論釋。

證悟者的心要寶藏（唵嘛呢唄美吽）
劉婉俐 譯
定價：500 元

在本書中以特別易懂、易修的方式，陳述了完整的學佛之道：從最基礎的發心開始，臻至超越了心智概念所及對究竟真理的直接體悟。

覺醒的勇氣
賴聲川 譯
定價：220 元

本書是頂果欽哲法王針對「修心七要」所做的論著。「修心七要」是西藏佛教所有修持法門的核心。

如意寶
丁乃竺 譯
定價：400 元

依著第十八世紀聖者持明吉美林巴所撰述的上師相應法之修持教義，頂果欽哲法王在本書中，著重於傳授上師相應法的虔誠心修行，也就是與上師的覺醒心合而為一。

成佛之道
楊書婷 譯
定價：250 元

本書是頂果欽哲法王針對蔣揚．欽哲．旺波上師所撰的金剛乘前行法之重要修持加以闡述，明示了金剛乘修持的心要。

明月：頂果欽哲法王自傳與訪談錄
劉婉俐 譯
定價：850 元

本書分為兩大部分：第一篇是頂果．欽哲仁波切親自撰寫的自傳，第二篇為仁波切的主要弟子的訪談記事。是深入了解頂果法王生平、修學過程與偉大佛行事業的重要文獻與第一手資料，值得大家珍藏、典閱與研學。

明示甚深道：《自生蓮花心髓》前行釋論
劉婉俐 譯
定價：500 元

本書是頂果欽哲仁波切主要的心意伏藏之一，從前行法直到最高階修法的大圓滿，此書是前行的珍貴講解。

【雪謙精選大師系列】

遇見．巴楚仁波切
巴楚仁波切 Patrul Rinpoche 著
定價：200 元

本書以一位年輕人和一位老人之間的對話形式來撰寫。充滿智慧的老者讓年輕人狂野的心平靜下來，並帶領著年輕人進入道德倫常的優美境界之中。

大藥：戰勝視一切為真的處方
雪謙．冉江仁波切 Shechen Rabjam Rinpoche 著
定價：250 元

本書探索菩提心的根基、慈悲的內在運作、空性的見地，以及實際將這些了解應用於修道的方法。

西藏精神—頂果欽哲法王傳（精裝版）
馬修．李卡德 著 賴聲川 編譯
定價：650 元

頂果欽哲法王是一位眾所周知的大成就者，與其接觸者無不為其慈悲和智慧所攝受，隨著法王的心進去了佛心。

【西藏系列】

西藏精神—頂果欽哲法王傳（DVD）
定價：380 元

第一單元由賴聲川 中文口述
第二單元由李察基爾 英文口述

揚希—轉世只是開始（DVD）
定價：500 元

甫一出生，我就繼承欽哲仁波切的法炬；
現在，該是我延續傳燈的時候了。

明月：瞥見頂果．欽哲仁波切（DVD）
定價：380 元

導演 涅瓊．秋寧仁波切

祈請：頂果欽法王祈請文（CD）
定價：300 元

此為 頂果欽哲法王祈請文，
由寧瑪巴雪謙傳承上師一 雪謙冉江仁波切 唱頌

憶念：頂果仁波切（CD）
定價：300 元

在 2010 年 頂果欽哲法王百歲冥誕， 雪謙冉江仁波切為憶念法王，所填寫的詞，由阿尼雀韻卓瑪等唱頌，在這虔誠的歌曲聲中，再再融入法王遍在的慈悲和智慧。（內附音譯、中藏文歌詞）

國家圖書館出版品預行編目資料

證悟者的心要寶藏/頂果欽哲法王(Dilgo Khyentse Rinpoche)作;劉婉俐譯. --二版.--高雄市:雪謙文化出版社, 2023.07
面; 公分.-(頂果欽哲法王文選;5)
譯自:The heart treasure of the enlightened ones.
ISBN
978-986-90066-9-9(平裝)

1.CST:藏傳佛教 2.CST:佛教教理

226.961 112009391

頂果欽哲法王文選 05

證悟者的心要寶藏

作　　者：頂果欽哲法王(Dilgo Khyentse Rinpoche)
總 召 集：賴聲川
顧　　問：堪布烏金・徹林(Khenpo Ugyen Tshering)
譯　　者：劉婉俐
審　　定：蓮師中文翻譯小組
封面設計：陳光震
發 行 人：張濵恩、葉勇瀅
出　　版：雪謙文化出版社
戶名：雪謙文化出版社
銀行帳號：兆豐國際商業銀行　三民分行（代碼017）040-090-20458
劃撥帳號：42305969
http://www.shechen.org.tw　e-mail：shechen.ks@msa.hinet.net
手機：0963-912316　傳真：02-2917-6058

台灣雪謙佛學中心
高雄中心：高雄市三民區建國三路6號9F
電話：07-285-0040　傳真：07-285-0041
台北中心：台北市龍江路352號4樓
電話：02-2516-0882　傳真：02-2516-0892
行銷代理：紅螞蟻圖書有限公司
地址：台北市內湖區舊宗路2段121巷28、32號4樓
電話：02–2795-3656　傳真：02–2795-4100

印刷製版：中原造像股份有限公司
初版一刷：2009年4月
二版一刷：2023年7月
I S B N：978-986-90066-9-9
定　　價：新臺幣500元